Knaur

Adrian Urban

Lasst den Kindern Zeit

Knaur

Adrian Urban

Lasst den Kindern Zeit

Spätentwickler gezielt fördern

www.knaur.de

Inhalt

Einleitung

Einige Kinder sind früher dazu in der Lage, zu laufen oder zu sprechen, als andere, so wie manche Heranwachsenden besonders schnell selbstständig werden. Andere, die so genannten Spätzünder, brauchen deutlich länger, um heranzureifen.
Wenn sich ihr Nachwuchs in einer Lebensphase verzögert entwickelt, befürchten viele Eltern, er könne diesen Rückstand nicht aufholen. Doch die meisten Spätzünder lassen sich mehr Zeit als ein Großteil der gleichaltrigen Kinder, ohne dass es nötig wäre, sich darüber Sorgen zu machen. Manchmal ist es sinnvoll, den Sprössling behutsam zu unterstützen, bei anderen genügt es bereits, wenn die Erwachsenen ihrem Nachwuchs etwas zutrauen, ohne zu viel Angst um ihn zu haben.
Dieses Buch beschreibt die verschiedenen Bereiche, in denen Entwicklungsverzögerungen deutlich werden. Dazu gehören emotionale, motorische, verbale und soziale Prozesse. Die Darstellung beginnt mit der Zeit nach der Geburt, und sie endet mit Pubertät, Jugend und dem jungen Erwachsenenalter. In einigen Fällen wirken sich Entwicklungsverzögerungen über Jahrzehnte aus, doch bei vielen Spätzündern beschränkt sich der Rückstand auf ein bestimmtes Lebensalter. Ganz unterschiedliche Menschen wie der Rolling-Stones-Gitarrist Keith Richards oder der TV-Moderator Kai Pflaume betonen in Interviews, sie hätten sich früher eher langsam entwickelt, was sich irgendwann ausgeglichen habe.
In »Lasst den Kindern Zeit« finden sich viele anschauliche Beispiele, in denen Spätzünder und deren Eltern ihre Lebens-

erfahrungen beschreiben. Die meisten Gespräche stammen aus meiner ambulanten psychotherapeutischen Arbeit. Orts- und Berufsangaben habe ich weggelassen, außerdem wurden alle Namen verändert, damit die Betroffenen ihre Anonymität wahren können.

Manche Kinder beeilen sich, andere brauchen länger

Hoffnungen und Befürchtungen bei der Geburt eines Babys

Wenn sich bei einem Paar Nachwuchs einstellt, verkörpert das Kind Sehnsüchte und Hoffnungen, aber auch manche Ängste der Eltern. Es steht vielleicht für Ziele, die Vater und Mutter in ihrem Leben nicht erreichen konnten, und es löst nicht selten Befürchtungen aus, ob es dem Paar gelingt, die Fehler der eigenen Eltern in der Erziehung zu vermeiden. Besonders nachhaltig wirken sich die Erwartungen der Erwachsenen häufig aus, wenn die Geburt ihres ersten Kindes ansteht, denn Mutter und Vater haben noch keine Erfahrungen mit der Dauerbetreuung eines Babys gemacht. Auch wenn sich Zeugung, Schwangerschaft oder Geburt als problematisch erweisen und mit längeren seelischen Belastungen einhergehen, entstehen in vielen Fällen Ängste.

Solche Gedanken, Wunschträume und Befürchtungen sind vollkommen normal, und sie setzen oft schon ein, bevor das Kleine auf der Welt ist. Sie lassen sich auch nicht einfach abstellen, sondern verschwinden höchstens im Lauf der Zeit, indem die Eltern wahrnehmen, wie ihr Kind wirklich ist.

Enttäuschte Erwartungen

Wenn die Erwachsenen besonders viele Erwartungen mit ihrem Säugling verbinden, besteht die Gefahr, dass er diese Erwartungen nicht erfüllen kann, weil er sich in manchen Bereichen anders verhält oder entwickelt oder weil er, verglichen mit den Hoffnungen und Ängsten seiner Erzeuger, unterschiedlich fühlt oder die Welt auf seine eigene Weise wahrnimmt.

Unter Druck

Doch auch wenn es den Eltern oder dem Alleinerziehenden gelingt, den Sprössling so anzunehmen, wie er ist, fühlen sie sich häufig von verschiedenen Seiten unter Druck gesetzt. Vor allem, wenn sich der Nachwuchs in einigen Bereichen langsamer entwickelt, als dies bei anderen Kindern der Fall ist. Dieser Druck kann aus unterschiedlichen Gründen entstehen.

Erwartungen und Vergleiche mit anderen Kindern

- Befreundete Mütter und Väter berichten gerne davon, dass ihr Sprössling »mit 15 Monaten schon laufen kann« (oder mit 18 Monaten selbstständig isst, mit zwei Jahren richtig spricht, mit vier das Alphabet aufsagt...). Damit geht oft die ungläubige Frage einher: »Was, eurer noch nicht?«
- Manchmal hat sich ein älterer Bruder oder eine große Schwester schneller entwickelt als das nachgeborene Kind.
- Populäre Ratgeber zu Erziehungsfragen veröffentlichen gerne Hinweise und statistische Tabellen, welche Fähigkeiten in welchem Alter »beherrscht werden sollten«.
- Vater, Mutter oder andere Verwandte der Familie waren selbst Spätentwickler oder gar durch eine Erbkrankheit oder eine Behinderung eingeschränkt. Hier steht die Befürchtung im Hintergrund, das eigene Baby könnte ähnliche Probleme haben.
- Auffälligkeiten im Säuglingsalter lassen sich medizinisch nur in wenigen Fällen sicher als – vorübergehende – Entwicklungsverzögerung oder als dauerhafte Einschränkung diagnostizieren. Das hält bedauerlicherweise nicht alle Ärzte davon ab, falsche Gewissheiten zu verkünden und exakte Behandlungsempfehlungen mitzugeben.
- Eine Vielzahl mehr oder weniger seriöser Angebote zur Frühförderung, zu elterlicher Selbsthilfe und zur Therapie von kleinen Kindern verunsichert zusätzlich.

Kinder entwickeln sich selten nach den Wünschen ihrer Eltern

Aus dem Blickfeld gerät oft die Tatsache, dass jeder kleine Mensch einzigartig ist, dass Kinder weder einem Standardprogramm noch den Erwartungen ihrer Betreuer folgen und dass manche Sprösslinge langsamer sind als andere, bezogen auf bestimmte Bereiche der Persönlichkeit oder auf die generelle Entwicklung. Sinnvoll wäre es, gerade den Spätzündern Zeit zu lassen und als Elternteil weder sich selbst noch den Nachwuchs unter Druck zu setzen, denn das überfordert oft beide Generationen. Die meisten Entwicklungsrückstände gleichen sich ohnehin mit den Jahren fast von selbst aus, ob im Babyalter, der Kindergarten- und Grundschulzeit, der Pubertät, dem Jugend- oder dem Erwachsenenalter.

Viele Entwicklungsverzögerungen gleichen sich später aus.

Ein großer Teil der Unterschiede beim Entwicklungstempo von Säuglingen, Kindern und Teenagern scheint genetisch bedingt, also erblich zu sein. Mutter und Vater sind also nicht verantwortlich oder »daran schuld«, wenn sich ihr Sprössling mehr Zeit lässt als viele Gleichaltrige. Der betroffene Nachwuchs ist sicherlich nicht weniger liebenswert oder gar weniger wert als ein Kind, das schneller voranschreitet. Wie es dem Kleinen in seiner Familie und mit sich selbst geht, ob er sich aufgehoben, überfordert, vernachlässigt oder angemessen unterstützt fühlt, solche Faktoren hängen allerdings durchaus vom Erziehungsverhalten, der Herangehensweise und der Persönlichkeit der Eltern ab.

Folgen von Frühgeburten und ungünstigen Lebensumständen

Viele Babys, die zu früh geboren wurden oder im Mutterleib unzureichend versorgt waren, entwickeln sich langsamer als Säuglinge ohne solche »Startprobleme«. Der Umgang mit ihnen ist oft schwieriger, vor allem in den ersten beiden Lebensjahren.

Viele Frühgeburten entwickeln sich in den ersten beiden Lebensjahren besonders langsam.

Mangel- und Frühgeburten

- Als Frühgeburten gelten heutzutage alle Kinder, die zwischen der 29. und der 37. Schwangerschaftswoche geboren werden. (Eine so genannte Regelschwangerschaft dauert 40 Wochen, wobei eine Abweichung von zwei bis drei Wochen in die eine oder andere Richtung normalerweise unproblematisch ist.) Bei Frühchen stellt man ein geringes Geburtsgewicht fest, international festgelegt als »bis zu 2,27 Kilogramm schwer«.
- Nicht immer hängt ein niedriges Gewicht zum Geburtszeitpunkt jedoch davon ab, dass das Kind im Mutterleib zu wenig Zeit hatte, um sich vollständig zu entwickeln, also auszureifen. Bei einer so genannten Mangelgeburt, die ebenfalls durch ein Gewicht von bis zu 2,27 kg definiert wird, entspricht zwar der Geburtszeitpunkt ungefähr der Norm von 40 Wochen nach der Empfängnis. Allerdings hat hier die Gebärmutter dem Ungeborenen zu wenig Nährstoffe zugeführt, wodurch das Kind nicht ausreichend heranreifen konnte. Eine so genannte Plazentainsuffizienz ist entstanden.
- Solche Gewichtseinschränkungen beim Säugling liegen mitunter an einer Krankheit, an der die werdende Mutter leidet. Manchmal stellt man auch fest, dass sich das ungeborene Kind wegen einer Vorschädigung nicht normal entwickeln konnte, in anderen Fällen hängt sein

niedriges Gewicht damit zusammen, dass mindestens ein Elternteil kleinwüchsig ist.

- Früh- und Mangelgeburten betreffen heute zusammen ca. sechs Prozent der Neugeborenen in den entwickelten Ländern. Nicht selten spielen neben den Auswirkungen von seelischen Erkrankungen, Infektionen oder Erbkrankheiten auch Belastungsfaktoren wie Rauchen und übermäßiger Alkohol- oder Drogenkonsum der Mutter, Armutsfolgen, schlechte Ernährung oder chronischer Stress eine Rolle, wenn ein Säugling zu früh oder stark untergewichtig geboren wird. In nicht wenigen Fällen lassen sich allerdings keine derartigen negativen Einflüsse feststellen, und es kommt dennoch zu einer Mangel- oder Frühgeburt. Die entsprechenden Vorgänge sind wissenschaftlich noch nicht ausreichend erforscht.

Der Umgang mit frühgeborenen Kindern ist häufig besonders anstrengend.

In jedem Fall stellt ein solches Baby, das bereits zu kurz gekommen ist, bevor es auf der Welt war, eine große Herausforderung für die Eltern dar. Das liegt einmal an den Einschränkungen im Kontakt zu dem Kleinen, die notwendig sind, wenn das Kind nach der Geburt intensivmedizinisch betreut wird. Häufig fühlen sich die betroffenen Erwachsenen durch die erschwerten Umstände der Entbindung und die Probleme in den nachfolgenden Monaten stark belastet.
Oft reicht zum Beispiel der Milchfluss bei der Mutter wegen des seelischen und körperlichen Stresses nicht aus, um den Säugling zu stillen. Manche Frühchen sind ohnehin zu schwach, um an der Brust zu trinken. Der Mutter bleibt in solchen Fällen meistens nichts anderes übrig, als ihre Milch abzupumpen und dem Baby die Flasche zu geben. Das erschwert einen guten emotionalen Zugang zum Kind, der normalerweise auch über das Stillen entsteht. Ein anderer wichtiger Belastungsfaktor sind die Schwierigkeiten, die Jungen

und Mädchen mit geringem Geburtsgewicht häufig in den ersten Jahren damit haben, zu sich und zur Umwelt ein vertrauensvolles Verhältnis aufzubauen.

Die Folgen einer intensivmedizinischen Behandlung von Neugeborenen

Ein Säugling mit einem geringen Geburtsgewicht, ob als Folge einer Früh- oder Mangelgeburt, bedarf im Allgemeinen besonderer Maßnahmen im Krankenhaus, um die ersten Wochen oder Monate zu überleben und in dieser Zeit körperlich nachzureifen. Bekannt ist zum Beispiel der Brutkasten (Inkubator), in dem viele Babys, die deutlich zu früh zur Welt gekommen sind, die erste Zeit verbringen. Das gilt vor allem für Kinder, die höchstens 1000 Gramm wiegen und weniger als 30 Wochen im Mutterleib verbringen konnten.

Mögliche Gründe für eine längere Betreuung auf der Neugeborenen-Intensivstation sind vor allem die unausgereifte Wärmeregulation und die Tatsache, dass bei vielen Frühchen die Atmung noch nicht selbstständig funktioniert. Hinzu kommen manchmal Schwierigkeiten mit einer längerfristigen Unterzuckerung des Blutkreislaufs. In einigen Fällen erweist sich zudem eine Gelbsucht beim Säugling, die häufig harmlos ist und von selbst verschwindet, als Anzeichen einer gefährlichen Unverträglichkeit der Blutgruppen von Mutter und Baby (nach Kitzinger, Schwangerschaft und Geburt, 1998).

Warum Früh- und Mangelgeburten besondere medizinische Unterstützung benötigen.

Störungen im Kontakt zwischen Eltern und Kind

Zu der bangen Frage, die sich die Eltern stellen, ob ihr Säugling trotz des geringen Gewichts überleben wird, ohne dauerhafte Schäden davonzutragen, kommt hier das Problem, dass der Kontakt mit dem Neugeborenen durch die medizinische Betreuung eingeschränkt ist. Das gilt auch dann, wenn ein Baby, das zunächst unauffällig erscheint, wegen einer Krankheit längere Zeit in einer Klinik verbringen muss.

Prägungsprozesse beim Menschen

Biologisch findet vor allem in den ersten 24 Stunden nach der Geburt ein wechselseitiger so genannter Prägungsvorgang von Mutter und Vater auf der einen und dem Baby auf der anderen Seite statt, eine frühe Grundlage für das Vertrauen zwischen Eltern und Kind. Diese Prägung vermittelt sich vor allem über den Tast- und den Geruchssinn. Die Lebensstunde nach der Geburt spielt hierbei eine besonders wichtige Rolle. In den ersten 24 Stunden nach der Entbindung geht dieser Prägungsprozess auf einem etwas geringeren Niveau weiter. Im Tierreich entspricht diese Prägung zum Beispiel der Phase, in der manche Vogelküken, die gleich nach dem Schlüpfen aus dem Ei laufen können, der Mutter hinterherwatscheln, wenn sie bestimmte Locktöne von sich gibt. In dieser Prägungszeit merken sich die Vögelchen bestimmte Sinnesreize, die sie mit dem Elterntier verbinden. Anschließend rennen sie nur noch der eigenen Mutter nach. Damit ist die Wahrscheinlichkeit verringert, dass die Kleinen einem Räuber zum Opfer fallen, und die Chance erhöht, dass sich die Vogelmutter um ihre Kinder kümmert, bis sie schließlich selbstständig werden.

Prägungsprozesse im Tierreich

Frühchen im Krankenhaus – gestern und heute

In den 60er und 70er Jahren war diese Prägungsphase in der Öffentlichkeit ziemlich unbekannt. Auch auf den Entbindungsstationen ignorierte das medizinische Personal die Tatsache, dass sich viele Maßnahmen negativ auf die frühe Bindung zwischen Eltern und Kind, zu der es durchaus einige Studien gab, auswirken konnten.

Säuglinge mit einem lebensgefährlich niedrigen Geburtsgewicht trennte man sofort von der Mutter und versorgte sie im Brutkasten. Auch in anderen Fällen, in denen ein Inkubator überflüssig war und trotzdem eine längerfristige Behandlung im Krankenhaus angezeigt zu sein schien, beschränkte sich der Kontakt zwischen Eltern und Baby auf den gelegentlichen Blick durch eine Glasscheibe. Hygienevorschriften, ein möglichst ungestörter Klinikablauf und der Wille der Ärzteschaft, jedes Infektionsrisiko schon im Ansatz zu unterbinden, führten dazu, dass dem Kontakt zwischen Eltern und Kind praktisch kein Platz eingeräumt wurde, zumindest bei Früh- und Mangelgeburten.

Die Bindung zwischen Eltern und Neugeborenen wurde jahrzehntelang ignoriert.

In dieser Hinsicht hat sich inzwischen glücklicherweise einiges geändert. Zwar fühlen sich auch heute noch viele Mütter und Väter ziemlich hilflos, wenn sie mitbekommen, dass ihr Säugling die ersten Wochen auf der Neugeborenen-Intensivstation verbringt, angeschlossen an vergleichsweise riesige Elektroden, Drähte und Schläuche, die der Lebenserhaltung dienen. Dennoch können die Erwachsenen in vielen Kliniken immer wieder zu dem Kleinen Kontakt aufnehmen, durch zarte Berührungen im Brutkasten oder durch eine Methode, die mit ihrem Namen an die winzigen Beuteltierbabys erinnert: das so genannte Kangarooing (zu deutsch »Känguruhen«).

Positive Entwicklungen in der Neugeborenenmedizin

Hierbei wird das Kind gleich nach der Entbindung auf den Bauch seiner Mutter gelegt, bevor es die Ärzte und Schwestern intensivmedizinisch versorgen. Anschließend wiederholt sich dieser Ablauf immer wieder. Die Mutter bleibt in den ersten Tagen oder Wochen häufig selbst im Krankenhaus, auch wenn sie eigentlich nicht mehr medizinisch versorgt werden müsste, um sich mit ihrem Säugling beschäftigen zu können. Sobald es technisch möglich erscheint, beteiligt sie sich zudem an der Versorgung des Kleinen, behutsam begleitet vom Pflegepersonal. In vielen Fällen wird auch der Vater einbezogen.

Prägung und Urvertrauen

Alle Beteiligten können sich bei diesem Modell langsam aneinander gewöhnen, ohne dass natürliche Prägungsvorgänge außer Acht gelassen würden. Eine vertrauensvolle Bindung zwischen den Generationen entsteht. Häufig gehen Unsicherheiten im Umgang mit dem Baby zurück. Außerdem haben Forschungen ergeben, dass sich Säuglinge mit einem zu geringen Geburtsgewicht besser entwickeln und weniger oft krank sind, wenn man ihnen in den ersten Lebenstagen trotz der intensivmedizinischen Behandlung die Möglichkeit einräumt, auf direktem Weg mit der Mutter Kontakt aufzunehmen. Auch ihr Immunsystem stabilisiert sich, das Infektionsrisiko lässt sich in den meisten Fällen vernachlässigen. Beide Seiten, Eltern und Kind, scheinen sehr von einem menschlichen, körperliche Nähe ermöglichenden Umgang in der Klinik zu profitieren.

Entwicklungsverzögerungen bei Früh- und Mangelgeburten

Obwohl sich ein Baby mit einem stark unterdurchschnittlichen Geburtsgewicht besser entwickelt, wenn Mutter und Vater schon in den ersten Stunden und Tagen eine gute Beziehung zu ihm aufbauen können, brauchen viele betroffene Kinder einige Monate oder Jahre, um ihren Entwicklungsrückstand gegenüber regulär geborenen Säuglingen ausgleichen zu können. Der Krankenhausaufenthalt zur körperlichen Nachreifung ist also nur ein erster Schritt.

Startprobleme von Frühgeburten und ihre Nachwirkungen

Nicht selten sind Früh- und Mangelgeburten »Schreikinder«, die sich deutlich langsamer entwickeln als Babys ohne vergleichbare Startprobleme. Die Tatsache, dass sich die Kleinen in der ersten Zeit mitunter kaum beruhigen lassen, auch wenn sich die Eltern sehr bemühen, verunsichert viele Erwachsene zusätzlich. Schuldgefühle, wie grundlos auch immer, spielen oft eine erhebliche Rolle. Manchmal ist der Säugling außerdem besonders anfällig für Krankheiten, was Vater und Mutter ebenfalls ängstigen kann.

Die beschriebenen Schwierigkeiten hängen häufig damit zusammen, dass es gerade bei Risikogeburten lange dauert, bis sich das Baby an die Gegebenheiten der Außenwelt gewöhnt, bis es Vertrauen zu sich selbst und zu seinen wichtigsten Bezugspersonen aufgebaut hat. Zunächst ist das Kleine hauptsächlich damit beschäftigt, seine mühsam gewonnenen Lebensfunktionen aufrechtzuerhalten. Wenn es übermäßig berührt oder bewegt wird, ob beim Wickeln oder Füttern, wenn man es hochhebt oder dreht, fühlt sich ein solches Kind meistens deutlich stärker irritiert als ein Säugling, der regulär auf die Welt gekommen ist.

Die verschiedenen Sinneswahrnehmungen stellen schon für ein normal herangereiftes Baby eine gewaltige Herausforderung dar. Wegen seiner Entwicklungsverzögerung fühlt sich ein frühgeborenes Kind durch das, was es sieht, hört oder spürt, besonders schnell überfordert, schreibt die Expertin Monika Aly in ihrem Ratgeber »Das Sorgenkind im ersten Lebensjahr« (1999).

Frühchen sind schnell überfordert.

Steffen – ein Frühstarter

Ludwig Fitzhanns, heute 63, denkt an die ersten Lebensmonate seiner Söhne Steffen und Tom zurück, die Ende der 60er Jahre geboren wurden: »Beide kamen etwa fünf Wochen zu früh auf die Welt.« Die Ärzte isolierten die Kinder in dieser Zeit im Krankenhaus, bis sie körperlich nachgereift waren. Das erschwerte es den Eltern, eine gute Beziehung zu ihren Sprösslingen aufzubauen. »Bei Steffen, dem Älteren, war die Leber noch nicht ausreichend entwickelt, weshalb er immer wieder Spritzen in den Fuß bekommen hat, die sein Blut verdünnen sollten«, erinnert sich Herr Fitzhanns. Tom, der zwei Jahre später geboren wurde, habe die erste Lebensphase sogar im Brutkasten verbringen müssen.
»Vor allem mit unserem älteren Sohn war es sehr anstrengend, als er schließlich bei uns zu Hause war«, berichtet der Familienvater. Steffen habe sehr viel geschrien und geweint, Ludwig Fitzhanns' damalige Ehefrau und er hätten in diesen Monaten kaum etwas tun können, um ihr Kind zu trösten, obwohl sie eine Menge ausprobierten: beruhigende Worte, auf den Arm nehmen, Hin- und Herwiegen, Herumtragen und vieles mehr. Das Baby sei scheinbar untröstlich gewesen.
Außerdem konnte Steffen seine Nahrung oft nicht bei sich behalten und reagierte sehr empfindlich auf Lärm. Die Ärzte hätten sehr früh empfohlen, den Jungen von der Mutterbrust auf das Fläschchen umzustellen, da er nach dem Stillen jedes Mal einen roten Po bekam und man eine Allergie vermutete. Dass das Saugen an der Brust für ein Neugeborenes – und für die Mutter-Kind-Beziehung – viel mehr bedeutet als bloß eine bequeme Ernährungstechnik und die Aufnahme bestimmter Stoffe, die das Immunsystem stärken, nämlich Vertrauen, Sicherheit und emotionale Wärme, war der Medizin in den 60er Jahren noch unbekannt.
»Schließlich empfand meine Frau Steffens Geschrei als gegen sie gerichtet, und sie hatte gleichzeitig Schuldgefühle, weil sie offenbar kein gutes Verhältnis zu ihm aufbauen konnte«, meint Herr Fitzhanns. Niemand habe ihnen damals gesagt, dass Frühgeburten nach der Zeit in der Klinik besonders sensibel sind, dass sie leicht überfordert und durch jede Veränderung erschreckt werden.

Die Beziehung zwischen der Mutter und ihrem älterem Sohn wurde deutlich besser, als Steffen zwei Jahre alt war. In dieser Zeit konnte der Kleine seine Wünsche und Abneigungen erfolgreicher verständlich machen als in den ersten Lebensmonaten, und seine Mutter verstand ihn nun sehr viel besser. Allerdings sei der Junge noch lange ein Spätentwickler gewesen.

Reizüberflutung und ihre Folgen

Frühgeborene machen auf ihre Umwelt oft einen sehr dünnhäutigen Eindruck. Bei regulär geborenen Säuglingen organisiert sich in den letzten Schwangerschaftswochen das Gehirn in einer Weise, die dem Kleinen die Möglichkeit einräumt, sich innerlich vor einer Überflutung mit Reizen zu bewahren, wenn es auf der Welt ist. Der entsprechende Vorgang konnte bei einem Frühchen im Mutterleib nicht stattfinden, es muss ihn später nachholen. Die Vermutung liegt nahe, dass dieser Umstand die Ursache für viele Schwierigkeiten sein könnte, die hier dargestellt werden.

Für die angemessene Verarbeitung von Sinneswahrnehmungen, für eine Aufnahme von Kontakten zur Außenwelt oder für regelmäßige Ruhe- und Entspannungsphasen ist häufig kaum Platz. Manche Früh- und Mangelgeburten öffnen in ihren ersten Lebensmonaten kaum die Augen, ein instinktiver Schutzmechanismus vor den unzähligen Veränderungen der Außenwelt. Häufig gelingt es ihnen lange Zeit nicht, den Eltern positive Gefühle zurückzugeben, etwa durch die Fähigkeit, schnell friedlich einzuschlummern, wenn sie von der Mutter herumgetragen oder gestreichelt werden.

Erholung von den ersten Lebenswochen im Krankenhaus

Überdies muss sich das Frühchen normalerweise noch von den schwierigen ersten Lebenswochen in der Klinik erholen, auch wenn ein Säugling im späteren Lebensverlauf nicht an diese Zeit zurückdenken kann, da das Gehirn erst bei Drei- bis Vierjährigen weit genug entwickelt ist, um bewusste Erinnerungen zu ermöglichen.

Zunehmende Selbstzweifel

Viele Eltern mit Neugeborenen, die zum Zeitpunkt der Entbindung ein stark unterdurchschnittliches Gewicht gehabt haben, stellen wie im vorigen Beispiel fest, dass ihr Kind durch Pflege und Zuwendung nur schwer beruhigt oder getröstet werden kann. Es schreit und weint besonders viel, oft weit über das Maß hinaus, in dem andere Säuglinge Mutter und Vater auf Trab halten und die Nacht zum Tag werden lassen.

Viele Frühchen lassen sich kaum beruhigen.

Häufig wächst mit der Zeit die Verzweiflung der Erwachsenen. Sie haben alles Mögliche ausprobiert, um zu ihrem Kleinen eine gute Beziehung aufzubauen: Streicheln, Herumtragen, Baden, freundliche Worte, vielleicht sogar Babymassage, entspannende Musik oder Singen. Doch der Erfolg dieser Experimente geht oft gegen null. Das Neugeborene schreit und weint nur noch mehr.

Schließlich entstehen Gefühle von ohnmächtiger Wut und Hilflosigkeit, nicht selten begleitet von Selbstvorwürfen: Wahrscheinlich bin ich schuld daran, dass sich mein Kind nicht beruhigt, ich mache bestimmt das Falsche, bin sicher eine schlechte Mutter (oder ein schlechter Vater), woran liegt es nur, dass das Kleine mich nicht liebt, wie andere Babys ihre Eltern lieb haben …

Selbstzweifel und Frustrationen

Ein unheilvoller Kreislauf aus Frustration, verzweifeltem Aktionismus und Enttäuschung kann entstehen. Das Problem ist, dass sich die Überforderungsgefühle des Säuglings durch die dauernden hektischen Veränderungen, eine Folge der Unsicherheit der Erwachsenen, noch verstärken. Darauf reagiert das Kind mit den einzigen Mitteln, die ihm zur Verfügung stehen, nämlich Unruhe, Weinen und Schreien.

Schuldgefühle bewältigen

Deutlich besser wäre es hier, dem Baby Ruhe und viel Zeit zu lassen, in der es sich an die fremde Umgebung gewöhnen kann. Das mag durchaus einige Monate dauern, und wahrscheinlich wird häufiges Geschrei diesen Lebensabschnitt begleiten.

Die Grenzen der elterlichen Verantwortung

Schuldgedanken von Mutter und Vater sind nicht nur wenig produktiv, sie lassen sich auch sachlich nicht halten: Fast jedes frühgeborene Kind erlebt eine extrem schwierige Anfangsphase, die auch die Eltern erheblich fordert und in vielen Fällen überfordert, bedingt durch den Umstand, dass der Säugling den Schutzraum »Mamas Bauch« deutlich zu früh verlassen musste. Für Mangelgeburten, die biologisch nicht ausreichend versorgt oder vor der Entbindung erkrankt waren, gilt das Gleiche. Niemand ist dafür verantwortlich außer dem Leben selbst, das wir manchmal durchaus als ungerecht empfinden können, ohne im Entferntesten daran schuld zu sein.

Ähnliches trifft auf andere Neugeborene zu, die außergewöhnlich schwer zu trösten sind, ohne dass sich eindeutige Ursachen für dieses Verhalten finden ließen. Es wurde bereits erwähnt, dass man auch Entwicklungsverzögerungen in späteren Jahren nur selten auf die Einflüsse der familiären Umgebung zurückführen kann. Fast immer scheinen genetische Faktoren dafür verantwortlich zu sein. Auch hier haben

Schuldgefühle keinen objektiven Hintergrund. Es stellt sich eher die Frage, welche Wege besser dazu geeignet sind, mit den dargestellten Problemen angemessen umzugehen, und welche ungewollt eher das Gegenteil bewirken.

Schrittweise Veränderungen

Bei einem frühgeborenen oder im Mutterleib unzureichend versorgten Baby kann der Erwachsene oft nicht eindeutig erkennen, warum es ihm gerade schlecht geht. Das liegt daran, dass auch das Kind in dieser Zeit nicht wirklich spürt, was ihm fehlt, ob Nahrung, Schlaf oder Zuwendung.

Jede Änderung in der Außenwelt irritiert das Kleine erheblich. Das betrifft manchmal auch Kleinigkeiten wie ein unerwartetes Geräusch, eine Bewegung, einen plötzlichen Luftzug oder die Tatsache, dass der Säugling gerade in einen weniger vertrauten Raum getragen wird. Umso schwerer zu ertragen sind für solche Neugeborenen Eltern, die eine Beruhigungsmethode nach der anderen ausprobieren und dabei immer unsicherer und zwangsläufig auch unsensibler werden.

Wiederholungen und Gewohnheiten vermitteln Sicherheit.

Hier könnte es besonders wichtig sein, Veränderungen nur schrittweise und sehr langsam anzugehen, wann immer dies möglich ist. Durch dauernde Wiederholungen der wichtigsten Abläufe tragen die Eltern außerdem dazu bei, dass sich der Säugling mittelfristig an seine Umwelt gewöhnt, ohne ständig unter Ängsten zu leiden. Es trifft übrigens auf alle kleinen Kinder zu, dass feste Tagesabläufe und lieb gewonnene Rituale Sicherheit vermitteln, und für Frühchen gilt das in verstärktem Maße.

Zum Beispiel könnte der Wickeltisch immer an der gleichen Stelle stehen und eine einmal bewährte Wickelmethode beibehalten werden. Vielleicht gehen die Eltern zunächst nur kurz mit ihrem Sprössling auf dem Arm in eine unvertraute Umgebung und lassen ihn anschließend besonders viel Zeit in seinem Bettchen verbringen. Hierdurch verringern sich die Sinnesreize, denen das Baby ausgesetzt ist, vor allem unerwartete Wahrnehmungen, die es erschrecken würden. Solche und ähnliche Maßnahmen führen nicht selten dazu, dass sich das Neugeborene mit den Monaten ein bisschen geborgener fühlt und die häufigsten Handlungsweisen seiner nächsten Umgebung besser vorausahnen kann.

Kindliche Bedürfnisse wahrnehmen

Doch wie hilft man einem »Schreibaby« dabei, vom Gefühl eines allgemeinen Unwohlseins zu einer differenzierteren Wahrnehmung der eigenen Bedürfnisse zu kommen? Schließlich sind die Signale, die zunächst von ihm ausgehen, sehr unspezifisch. Es fällt Mutter und Vater schwer, zu verstehen, was ihr Kind gerade will, und das Kleine scheint es oft selbst nicht zu spüren.

Frühchen wissen oft nicht, was sie wollen.

Die Autorin Monika Aly empfiehlt in ihrem Buch »Das Sorgenkind im ersten Lebensjahr«, Neugeborene mit Start-Nachteilen nicht augenblicklich aktiv zu trösten, sobald sie anfangen zu weinen. Die Eltern sollten zwar sofort zu ihrem Sprössling gehen, um ihm mit ihrer Anwesenheit ein Stück Sicherheit zu vermitteln, ohne jedoch im nächsten Moment etwas gegen das Weinen unternehmen zu müssen.

Wenn es Vater und Mutter aushalten, warten sie zunächst ein wenig ab und beruhigen den Säugling nur mit ein paar Worten. Oder sie fragen ihn mit einer freundlichen Stimme, was er gerade will, was vielleicht irgendwann zu einer körperlichemotionalen »Antwort« führt. Selbstverständlich ist dies kein Ratschlag, das Baby im Stich zu lassen oder zu bestrafen. Vielmehr geht es darum, eine kleine Pause einzulegen und auf weitere Signale zu achten, bevor sich Mutter und Vater ihrem weinenden Kind physisch zuwenden.

Manchmal gelingt es dem Sprössling in der kurzen Wartezeit möglicherweise, sich allein zu beruhigen. Das stellt eine wichtige Lernerfahrung dar, die mit der Zeit das Gefühl verstärkt, im Falle eines allgemeinen Unbehagens auch in der Lage zu sein, sich selbst zu helfen. Falls das Baby kein diffuses Unwohlsein verspürt, sondern echte Schwierigkeiten bemerkt, wenn es etwa Durst hat, eine volle Windel oder Blähungen, wird es bald anders schreien, um die Dringlichkeit seines Anliegens klarzumachen.

Bedürfnisse differenziert wahrnehmen

Diese frühen Differenzierungen helfen nicht nur den Eltern dabei, herauszufinden, was ihr Nachwuchs wirklich will. Sie unterstützen auch das Kleine dabei, die eigenen Empfindungen voneinander zu unterscheiden und den Erwachsenen seine Bedürfnisse so zu übermitteln, dass sie auch verstanden werden.

Mit den Monaten erkennen es die Erzieher von »Schreikindern«, indem sie sich intensiv mit ihrem Säugling beschäftigen und seine nonverbalen, also nichtsprachlichen Signale wahrnehmen, oft besser, wann ihr Sprössling Kontakt will, wann er sich schlecht fühlt, wann er Zuwendungen abwehrt oder ein wirkliches Problem hat. Selbstsichere Eltern, die sich durch Geschrei kaum aus der Ruhe bringen lassen, sind hier eine große Hilfe, wenn es darum geht, dem Nachwuchs zu erlauben, in einen Lebensrhythmus hineinzufinden, der zu ihm passt, wenig beängstigend ist und mittelfristig einen festen Halt bietet.

Bei alldem empfiehlt sich jedoch Geduld. Veränderungen zum Positiven erscheinen oft reichlich klein, manchmal fast unmerklich, und mit Rückschritten ist zu rechnen. Dass sich ein früh- oder mangelgeborenes Kind längere Zeit gut fühlt und dass es sich, wenn es ihm einmal schlecht geht, schnell beruhigen lässt, geschieht fast immer etliche Monate, nachdem Mutter und Vater zum ersten Mal wünschten, es wäre so.

Von speziellen Frühförderungsmaßnahmen für Säuglinge, die meistens krankengymnastisch orientiert sind und bestimmte Entwicklungsschritte anbahnen oder die kindliche Wahrnehmung trainieren sollen, rät die Expertin Monika Aly eher ab. Schon bei regulär geborenen, gesunden Babys wirken sich solche Behandlungen meistens nicht positiv auf das spätere Leben aus, wie wissenschaftliche Untersuchungen ergeben haben.

Förderungsprogramme überfordern viele Frühchen.

Früh- und Mangelgeborene wiederum fühlen sich durch Frühförderungsaufgaben häufig überreizt und überfordert. Sie geraten aus ihrem ohnehin labilen inneren Gleichgewicht, wenn man sie zu Verhaltensweisen anregen möchte, die sie weder verstehen noch beherrschen können. Auch bei anderen Spätzündern sollte es eher darum gehen, dem Kleinen die Gelegenheit zu geben, langsam und in seinem eigenen Tempo nachzureifen, als seine Entwicklung zu forcieren, ihn damit unter Druck zu setzen und wiederholte Frustrationen vorzuprogrammieren.

Im nächsten Kapitel werden verschiedene Entwicklungsverzögerungen im späteren Babyalter ebenso dargestellt wie Ideen, was die betroffenen Eltern tun können, um sich und dem Nachwuchs das Leben etwas zu erleichtern. Einige dieser langsam heranreifenden Säuglinge wurden zu früh oder unter erschwerten Umständen geboren. Manche Kinder erlebten andere Belastungen. In vielen Fällen hängen solche Entwicklungsrückstände jedoch ausschließlich damit zusammen, dass Mutter oder Vater ebenfalls Spätzünder waren.

Entwicklungsverzögerungen im Babyalter

Psychologen haben vor ein paar Jahren etwas Überraschendes herausgefunden: Ob sich die Eltern ihrem Baby gegenüber in den ersten beiden Jahren mehr oder weniger angemessen verhalten, beeinflusst die kindliche Entwicklung oft nur in geringem Maße, wenn man davon absieht, dass negative Umweltfaktoren in nicht wenigen Fällen über das Säuglingsalter hinaus bestehen bleiben.

Neben dem späteren Lebensverlauf spielen in dieser Zeit Erbfaktoren und etwaige biologische Nachreifungsprozesse eine deutlich größere Rolle. Vielleicht kann das die Schuldgefühle der Eltern verringern, wenn ihr Baby viel schreit, wenn es häufig krank ist, überaktiv oder extrem ruhig erscheint, wenn es sich motorisch vergleichsweise langsam entwickelt, spät mit dem Sprechen beginnt oder besonders ängstlich wirkt.

Wissenschaftler haben sogar beobachtet, dass sich selbst massive Vernachlässigungserfahrungen bis zum Alter von zwei Jahren in den allermeisten Fällen ausgleichen lassen, wenn das Kleine anschließend in ein liebevolles Zuhause kommt, das Geborgenheit vermittelt und die zunehmende Selbstständigkeit unterstützt, etwa im Rahmen einer Adoption oder bei einer Pflegefamilie. In manchen Fällen gelingt das auch bei etwas größeren Kindern, die zunächst in schlechten Verhältnissen gelebt haben.

Frühe Vernachlässigungserfahrungen lassen sich oft ausgleichen.

Frau Noltens verdrängte Kindheit

Monika Nolten, inzwischen 29 Jahre alt, kann sich an die ersten sechs Lebensjahre nicht erinnern. Man erzählte der jungen Frau, ihre Mutter habe sich nicht um sie kümmern können und sie daher stark vernachlässigt. Über den Vater weiß Frau Nolten nichts. Es hieß, die meiste Zeit über habe sich eine Nachbarin um das Mädchen gekümmert, bis es schließlich in eine Pflegefamilie kam. Monika Nolten hat diese Phase ihres Lebens offensichtlich verdrängt, wahrscheinlich weil die frühen Erfahrungen so schrecklich waren.

In den ersten Monaten, die sie in ihrem neuen Zuhause verbrachte, sei sie kränklich und sehr schüchtern gewesen, erzählt die 29-Jährige. Es habe lange gedauert, bis sie wirklich Vertrauen zu ihren neuen Eltern fassen konnte. Pflegemutter und Pflegevater hätten Monika viel Zeit gelassen, sich einzugewöhnen, sie nicht unter Druck gesetzt oder mit Hilfsangeboten bombardiert.

»Ich durfte in meiner Familie richtig Kind sein«, erinnert sich Frau Nolten und lächelt. Dennoch trugen die schlimmen ersten Jahre wahrscheinlich dazu bei, dass die junge Frau im frühen Erwachsenenalter unter Neurodermitis litt, einer psychosomatischen Hautkrankheit, vielleicht Ausdruck einer fast sprichwörtlichen Dünnhäutigkeit. Da sich Monika Nolten in einem stabilen sozialen Netz aufgehoben fühlte, gelang es ihr jedoch, die Erkrankung zu bewältigen.

Die Beziehung zu ihrem Pflegebruder ist Frau Nolten sehr wichtig. Herbert stammt wie sie ursprünglich aus einer Familie, in der es kaum Geborgenheit gab. »Als er zu uns gekommen ist, war er erst einmal ziemlich aggressiv, er hat viel kaputt gemacht und immer wieder einen Wutanfall bekommen«, berichtet Monika Nolten.

Doch die Sicherheit von Pflegemutter und Pflegevater im Umgang mit ihrem jüngeren Kind trug auch in diesem Fall dazu bei, dass es Herbert nach einigen Jahren deutlich besser ging. Die überschaubaren Alltagsstrukturen in seinem neuen Zuhause hatten wahrscheinlich ebenfalls Anteil an der positiven Entwicklung. »Inzwischen macht mein Bruder eine Berufsausbildung, und er ist wirklich nett, wenn er mit mir oder mit anderen Menschen redet«, erzählt Frau Nolten. Die 29-Jährige ist ihren Pflegeeltern sehr dankbar dafür, dass sie beiden Kindern nach den frühen Vernachlässigungserfahrungen einen festen Halt gegeben haben, ohne sie zu etwas zu drängen oder ihnen alles abzunehmen.

Belastende Erfahrungen im Säuglingsalter

Die Forschung geht heute davon aus, dass viele Babys und Kleinkinder einschneidende Erlebnisse wie die Trennung von Vater und Mutter ohne seelische Schäden überstehen können, wenn ihnen ihre Bezugspersonen Stabilität, Fürsorge und Zuneigung bieten. Eine wichtige Voraussetzung ist hier, dass sich die Eltern nicht längere Zeit gestritten haben und dass der Nachwuchs nicht immer wieder die Erfahrung machen musste, im Gefühlsbereich zu kurz zu kommen (nach Petzold, Frühe Schädigungen – späte Folgen?, 1993). Selbst ein Verlust der Mutter im Säuglingsalter scheint nur dann zu seelischen Beeinträchtigungen im weiteren Lebensverlauf – etwa Depressionen, Aggressionen oder Ängstlichkeit – zu führen, wenn der Betroffene später immer wieder emotionale Belastungen erlebt, die er nicht verarbeiten kann.

Stabilität und Zuneigung helfen über vieles hinweg.

Das gilt in ähnlicher Weise für andere Trennungssituationen, etwa einen längeren Krankenhausaufenthalt, nachdem sich der Sprössling bereits an die heimische Familienatmosphäre gewöhnt hat. Auch hier heilen die allermeisten Wunden in den Monaten und Jahren, nachdem das Kleine die angstvolle Zeit überstanden hat. Falls die Eltern hingegen nicht in der Lage sind, die Gefühlsstörung ihres Kindes ernst zu nehmen und seine verlorene innere Sicherheit wiederherzustellen, kann das zu Schwierigkeiten im Erwachsenenalter beitragen.

Störungen im Gefühlsbereich sollten ernst genommen werden.

Die »pflegeleichte« kleine Jutta – ein Krankenhausaufenthalt mit Folgen

Die 45-jährige Jutta Karlsdorf wurde im Alter von zweieinhalb Jahren wegen Paratyphus, einer ansteckenden, nicht ungefährlichen Krankheit, in eine Klinik gebracht. Dort musste sie sieben Wochen in Quarantäne verbringen. Dass sie so lange von ihrer Familie isoliert war, belastete das kleine Mädchen sehr.

»Als sie mich wieder nach Hause gelassen haben, hatte ich plötzlich einen kleinen Bruder«, erinnert sich Frau Karlsdorf. Ihre Verunsicherung durch die lange Abwesenheit verstärkte sich hierdurch noch. »Danach war ich immer total brav«, sagt die 45-Jährige, »auch in meiner Pubertät, als sich die meisten, die so alt waren wie ich, ausgetobt haben.«

Wahrscheinlich wollte die kleine Jutta unbewusst alles tun, um Mama und Papa zu gefallen, damit man sie nicht noch einmal weggeben und im Stich lassen würde, denn so hatte sie die Zeit im Krankenhaus erlebt. Da das Kind seine Ängste und seine Verzweiflung nur mit sich selbst ausmachte und nach außen hin »pflegeleicht« wirkte, sahen sich die Eltern nicht dazu veranlasst, ein Problem wahrzunehmen oder über die belastenden Erfahrungen zu sprechen.

Stattdessen lernte das Mädchen, für andere da zu sein, die eigenen Bedürfnisse und Grenzen nur noch wenig zu spüren und auf keinen Fall irgendwo anzuecken. Nur wenn sich Jutta anpasste und erhebliche Leistungen erbrachte, die in ihrer Familie selbstverständlich waren, fühlte sie sich geliebt und anerkannt.

Der Preis dieser Haltung wurde im Erwachsenenleben deutlich, als Frau Karlsdorf immer mehr unter Bauchschmerzen, Kopfweh und anhaltenden Ohrengeräuschen, einem so genannten Tinnitus, zu leiden begann. Ihre seelischen Probleme spürte sie auf der körperlichen Ebene, oft in Zusammenhang mit Situationen, in denen sie besser für sich als für andere Menschen gesorgt hätte. Hinzu kamen Empfindungen von Einsamkeit und Traurigsein, wenn sich Jutta Karlsdorf eigentlich erholen wollte, in den Momenten, in denen ihr Arbeit und Familie ein bisschen Zeit ließen. Schließlich begann die 45-Jährige eine Psychotherapie.

Kinder gehen unterschiedlich mit Belastungen um.

Falls ein kleiner Mensch immer wieder solche Mangelsituationen im Bereich seiner Gefühle erfährt, wird er später einmal mit einer gewissen Wahrscheinlichkeit unter seelischen Problemen leiden. Allerdings reagieren nicht alle Kinder in derselben Weise. Schon im frühen Säuglingsalter unterscheiden sie sich teilweise erheblich voneinander, zum Beispiel im Temperament, bei der Entwicklungsgeschwindigkeit und der Frage, wie robust oder wie empfindlich sie den Erwachsenen erscheinen. Das gilt sowohl für Jungen und Mädchen, die mit Gleichaltrigen verglichen werden, als auch für die Persönlichkeiten von Geschwistern, die in derselben Familie aufwachsen.

Ein Säugling aus einer intakten Familie mag zum Beispiel schon auf Anlässe, die seinen Eltern geringfügig oder harmlos erscheinen, mit großer Angst, Traurigkeit, Verzweiflung oder Wut antworten. Nicht immer steht hier eine Früh- oder Mangelgeburt, ein frühes Trauma wie ein längerer Klinikaufenthalt, die Ankunft eines Geschwisterchens oder ein Dauerstreit der Erwachsenen im Hintergrund. Offenbar spielen auch genetische Faktoren eine Rolle, die Vater und Mutter nur begrenzt beeinflussen können.

Unempfindliche und besonders empfindsame Kleinkinder

Auf der anderen Seite gibt es auch Babys und Kleinkinder, die in Familien mit einer Vielzahl von chronischen Schwierigkeiten groß werden und sich zum Beispiel oft missachtet gefühlt haben, aber trotzdem im Erwachsenenalter gut mit sich und anderen Menschen zurechtkommen. Diese Mädchen und Jungen scheinen besonders robust zu sein, zusätzlich fühlten sie sich vielleicht von Personen hilfreich unterstützt, die sie außerhalb ihres Zuhauses kennen gelernt haben. Bei vielen Kindern, die empfindlicher sind, führt eine solche Konstellation wiederum zu seelischen Problemen.

Motorische, sprachliche und emotionale Entwicklungsrückstände

Überforderungsprobleme

Die meisten Eltern wissen, dass es häufig negative Folgen hat, ein Baby seelisch oder körperlich zu vernachlässigen. Weniger bekannt ist der Umstand, dass es sich oft ebenfalls nachteilig auswirkt, wenn ein Säugling immer wieder überfordert wird. Das gilt vor allem für entwicklungsverzögerte Kinder. Etwa wenn die Erwachsenen ihrem Sprössling etwas abverlangen, wozu er noch zu jung ist. Dazu kann gehören, den Nachwuchs vorzeitig hinzusetzen oder ihn mit verschiedenen Mobiles und Spielzeugen zu traktieren, bevor er dazu in der Lage ist, sich mit einer Vielzahl von Reizen zu beschäftigen.
Bei Babys, die langsamer heranreifen als viele Gleichaltrige, scheint es enorm wichtig zu sein, dass die Eltern der Versuchung widerstehen, das Entwicklungstempo ihres Säuglings zu beschleunigen. Ob nun Bekannte mit kleinen Kindern komisch gucken, wenn sie erfahren, dass jemand mit 16 Monaten noch nicht im Sitzen spielt, oder ob sich die Mitmenschen hier zurückhalten: Für das Kleine ist es in jedem Fall besser, wenn es nicht von Mama und Papa unter Druck gesetzt wird, etwas zu tun, wofür es ihm zunächst noch an innerer Sicherheit fehlt. Freundliche Unterstützung und Ermutigung bei kleinen Schritten sind eine andere Sache, die durchaus positive Folgen haben kann.

Motorische Entwicklungsverzögerungen

Der Verlauf der motorischen Entwicklung

Viele Entwicklungsrückstände äußern sich in einer besonderen Langsamkeit der motorischen Entwicklung. Also einem Prozess, der damit beginnt, dass sich der Säugling auf die Seite dreht, gefolgt von einem Drehen auf den Bauch, dem

Hin- und Zurückdrehen und dem Kriechen auf dem Bauch. Weiter geht es mit der Fähigkeit, sich selbstständig hinzusetzen, dann auf Händen und Knien zu krabbeln, sich hinzuknien, schließlich aufzustehen und sich dabei festzuhalten. Es folgen erste Schritte mit Hilfestellung, das freihändige Aufstehen, die ersten freien Schritte und dann das Treppensteigen, erst mit Nachstellen der Füße, anschließend abwechselnd mit beiden Beinen (nach Aly, Das Sorgenkind im ersten Lebensjahr, 1998).

Langsame und schnellere Bewegungsprozesse

Dieser Prozess findet bei fast allen Säuglingen und Kleinkindern in der gleichen Reihenfolge statt, nur das Tempo variiert individuell, was für eine genetische Grundlage spricht. Bei nicht wenigen »Schreibabys«, etwa vielen Früh- und Mangelgeburten (siehe Seite 18ff.), verbindet sich eine langsame motorische Entwicklung mit Nervosität, häufigem Weinen und dem Eindruck, schnell durch allzu viele unbekannte Außenreize überfordert zu sein, wie es bereits dargestellt worden ist.

Ruhige Babys mit verlangsamter Entwicklung

Andere Säuglinge, die verlangsamt heranreifen, wirken besonders ruhig und friedlich. Mehrere Monate, manchmal sogar über ein halbes Jahr, liegen sie auf dem Rücken, ohne zu versuchen, diese sichere Position zu verlassen und sich auf die Seite zu drehen. Oft ist die Muskelspannung vermindert, das Kleine bewegt sich kaum, und es ist erst sehr spät dazu in der Lage, seinen Kopf selbstständig zu halten.
In solchen Fällen empfiehlt die Expertin Monika Aly differenzierte medizinische Untersuchungen, auch wenn sich in diesem Lebensalter nur selten mit Sicherheit ausmachen lässt,

ob das Baby nur langsam heranreift oder ob es einen bleibenden Entwicklungsrückstand aufweisen wird, etwa eine körperliche oder geistige Behinderung. Eine Tendenz lässt sich jedoch häufig bereits in dieser Lebensphase feststellen. Der Vergleich mit anderen Säuglingen, die genauso alt sind wie das eigene Kind, scheint hier weniger entscheidend zu sein, als dass Arzt und Erzieher immer wieder überprüfen, welche individuellen Fortschritte das Kleine in den letzten Wochen und Monaten gemacht hat.

Individuelle Fortschritte beobachten

Natürlich ist schon der Verdacht, Sohn oder Tochter könnten »unnormal« sein und dauerhaft hinter den Gleichaltrigen zurückbleiben, äußerst belastend für alle Eltern. In einem späteren Kapitelabschnitt, auf Seite 54ff., wird dieses Thema ein wenig ausführlicher dargestellt. In den meisten Fällen scheint allerdings nur das Reifungstempo des Babys verringert zu sein.

Besonders ruhige Säuglinge schlafen oft ausgesprochen viel. Wenn ein solches Kind wach ist, benötigt es oft mehr Aufmerksamkeit als andere in seinem Alter, damit es die Erfahrung machen kann, dass sich das Wachsein lohnt, dass es schön sein kann, sich auf die Außenwelt zu konzentrieren.

Freude an körperlichen Wahrnehmungen wecken

Wenn überdurchschnittlich ruhige Babys berührt, gewickelt, gefüttert oder nach dem Baden mit einem flauschigen Handtuch abgerubbelt werden, lernen sie es mit der Zeit, sich für den eigenen Leib und dessen unterschiedliche Empfindungen zu interessieren. Auch körperorientierte Spiele wie »Hoppe, Hoppe, Reiter« sind oft dazu geeignet, den Kleinen die Freude an den entsprechenden Wahrnehmungen nahe zu bringen.

Grenzen des Babys respektieren

Allerdings reagieren einige Säuglinge, die sehr ruhig erscheinen, auf heftige Bewegungen oder andere plötzliche Veränderungen mit Unsicherheit und Unbehagen. Hier könnte es sinnvoll sein, behutsam vorzugehen und die nichtsprachlichen Signale des Kindes aufmerksam zu beobachten. Wenn Sohn oder Tochter auf eine bestimmte Verhaltensweise immer wieder mit Abwehr oder Weinen reagiert, sollten die Eltern diese Grenze respektieren und etwas anderes versuchen, das weniger Angst auslöst. Vielleicht macht das Spiel dem Baby zu einem späteren Zeitpunkt mehr Spaß, sobald es mehr Vertrauen zu sich selbst und seinen Bezugspersonen aufbauen konnte und der Entwicklungsrückstand einigermaßen ausgeglichen ist.

Probleme mit Gleichgewicht und Übergangsbewegungen

Bei Spätzündern hinkt manchmal das Kommunikations- und Spielverhalten hinterher. Meistens jedoch werden Entwicklungsverzögerungen im motorischen Bereich deutlich, also bei der Bewegungsentwicklung. Die einzelnen Schritte vom Drehen auf die Seite bis zum selbstständigen Treppensteigen finden also durchaus irgendwann statt, nur eben deutlich später als bei vielen anderen Kindern.

Gleichgewichtsprobleme

Woran könnte das liegen? Die Säuglingsexpertin Monika Aly stellt im Internet einige Überlegungen zu diesem Thema vor. Das Heranreifen der Motorik in den ersten beiden Lebensjahren lässt sich als eine Reihe von Versuchen beschreiben, sich gegen die Schwerkraft aufzurichten, ob beim Krabbeln, Sitzen, Stehen oder Gehen. Eine entscheidende Voraussetzung ist die angemessene Entwicklung des Gleichgewichtssinnes.

Bei verlangsamten Babys ist dieser Prozess häufig gestört, was sich als Unsicherheit und Ungeschicklichkeit bemerkbar macht.

Bei vielen kleinen Kindern mit verzögertem Reifungstempo kann man außerdem beobachten, dass sie nur wenig so genannte Übergangsbewegungen zwischen den verschiedenen motorischen Entwicklungsschritten einnehmen. Was bedeutet das?

Die meisten Säuglinge gehen nicht abrupt von einer Haltung, die sie bereits beherrschen, zur nächsten über. So folgt zwar zum Beispiel das Sitzen im Allgemeinen auf die Fähigkeit, auf dem Bauch zu kriechen. Oft lassen sich jedoch Übergangsschritte zwischen diesen beiden Positionen beobachten. Das Baby erhebt sich zunächst probehalber in eine halb sitzende Position, bis es sich zutraut, gelegentlich »richtig« zu sitzen, etwa beim Spielen.

Übergänge erleichtern die motorische Entwicklung

Solche Übergangsbewegungen erleichtern die motorische Entwicklung sehr. Ein bisschen vergleichbar mit den Stützrädern an einem Kinderfahrrad, die das Gewackel in der ersten Zeit ausgleichen, bis sich der Sprössling sicher genug fühlt, um ohne Hilfsmittel zu fahren. In ähnlicher Weise geht es bei den Zwischenpositionen, die das Krabbeln, Sitzen, Stehen und Gehen begleiten, darum, etwas Neues ohne allzu viel Angst auszuprobieren und sich in kleinen Schritten an das Endergebnis heranzutasten. Stück für Stück nehmen Selbstsicherheit und Vertrauen in die Umgebung zu. Das Kleine erlebt trotz mancher Fehlschläge, dass es sich mehr und mehr auf seinen Gleichgewichtssinn und seine wachsende Geschicklichkeit verlassen kann.

Die meisten Säuglinge, die in diesem Bereich besonders langsam heranreifen, zeigen nur wenige, schwach ausgeprägte Übergangsbewegungen zwischen den einzelnen Stadien der motorischen Entwicklung. Häufig ist der Gleichgewichtssinn noch unzureichend ausgeprägt, was Angst und Unsicherheit verstärkt.

Angst vor der Bewegung und ihren Gefahren

Diese Unsicherheit trägt dazu bei, dass ein ruhiges, übervorsichtiges Kind in den ersten Monaten für jede Entscheidung, die eine Bewegungsänderung betrifft, viel Zeit braucht. Oft verharren diese Babys immer wieder in Positionen, die auf die Außenwelt verkrampft wirken, oder sie vermeiden alle Stellungswechsel, soweit es geht. Anscheinend haben sie keine rechte Lust, sich zu bewegen und die Außenwelt zu erforschen. Mangelnde Erfolgserlebnisse in diesem Bereich und unangenehme Erfahrungen mit der eigenen Ungeschicklichkeit haben immer wieder dazu geführt, dass das Kind frustriert wurde, weil es etwas nicht erreichen konnte. Etwa wenn es häufig schmerzhaft fällt, während es versucht, sein Kuscheltier zu erreichen.

Ungeschicklichkeit und Misserfolgserlebnisse

Wenn es hier nicht bei gelegentlichen Misserfolgserlebnissen bleibt, sondern sich die Schwierigkeiten ständig wiederholen, ohne dass das Kleine lernen konnte, seine Probleme selbstständig zu überwinden, entwickelt sich schließlich eine Angst vor der eigenen Bewegung und den damit verbundenen Gefahren. Der Säugling nutzt daher nur einen Teil seiner naturgegebenen motorischen Möglichkeiten, was das Heranreifen weiter verzögert. Das gilt übrigens ebenso für entwicklungsverzögerte Babys, die übernervös und leicht irritierbar wirken.

Sich und dem Baby Zeit lassen

Ob nun ein langsames Kind besonders ruhig und übervorsichtig wirkt oder ob es häufig nervös und unruhig erscheint: Sich und den kleinen Spätzünder nicht unter Druck zu setzen, ihm Zeit zu lassen und ihn im richtigen Moment ein bisschen bei der Welterkundung zu unterstützen, ist hier besonders wichtig.

Zeit und Ruhe fördern das Interesse an der Welt.

Langsam heranreifende Säuglinge brauchen vor allem viel Zeit und Ruhe, um ein Interesse an der näheren Umgebung zu entwickeln, um sich zunehmend selbst als Person wahrnehmen und erfahren zu können. Das gilt für den Kontakt mit dem eigenen Körper, der sich etwa über An- und Ausziehen, über das Gewickelt- und Gefüttert-, das Berührt- und Getragenwerden vermittelt, und es gilt auch für die Kommunikation mit den Eltern.

Es wirkt sich meistens positiv aus, wenn die räumlichen und zeitlichen Strukturen des Familienlebens weitgehend gleich bleiben und damit für den Sprössling vorhersehbar sind. Eltern, die ihrem Kind gegenüber eine gewisse Sicherheit an den Tag legen, sind ebenfalls von Vorteil.

Wenn sich ein Spätentwicklerbaby durch den Umgang mit einem bestimmten Spielzeug überfordert fühlt oder falls es noch nicht bereit zu sein scheint, eine bestimmte Bewegung auszuprobieren, sollten Vater und Mutter ihren Nachwuchs nicht drängen. Wenn ein Kind ein Spielangebot der Eltern auch ablehnen darf, wird das Vertrauen des Kleinen zu sich selbst und zu seiner Familie gestärkt, weil die Erwachsenen die Grenzen des Säuglings respektieren.

Falls die Erzieher hingegen, normalerweise mit den besten Absichten, einen Spätzünder mit verwirrenden Außenreizen, mit ständigen Veränderungen überschütten und überfordern, gelingt es dem Säugling kaum, sich für seine nähere Umgebung zu interessieren und die eigene Umwelt Schritt für Schritt zu erforschen. So etwas wie eine behutsame Hilfestellung im richtigen Moment kann sich allerdings als sehr wirkungsvoll erweisen.

Ständige Veränderungen überfordern langsame Babys.

Erste Schritte mit Hindernissen

Der heute 63-jährige Ludwig Fitzhanns erinnert sich daran, welche Schwierigkeiten sein älterer Sohn Steffen damit hatte, Krabbeln, Stehen und Gehen zu lernen. Alle wesentlichen motorischen Entwicklungsschritte fanden einige Monate später statt als bei gleichaltrigen Kindern. Allerdings habe Steffen relativ früh angefangen zu sprechen.

»Er hat es damals durchaus mitgekriegt, wenn er eine Bewegung nicht beherrscht hat. Offenbar hatte Steffen immer wieder das Gefühl, nicht schnell genug an den Ort zu gelangen, an den es ihn gerade gezogen hat. Das hat meinen Sohn dann sehr wütend gemacht«, erzählt der Vater. Außerdem sei es ziemlich häufig zu Unfällen gekommen, weil der Kleine nicht gut abschätzen konnte, welche motorischen Aktionen gefährlich sein könnten. Als der Junge zum Beispiel einmal mit seinem Babystühlchen hin- und herwackelte, habe man anschließend die Platzwunde am Kopf mit mehreren Stichen im Krankenhaus nähen lassen müssen.

Als andere Säuglinge in seinem Alter längst dazu in der Lage waren, auf Händen und Knien zu krabbeln, robbte sich Steffen nur mit Hilfe der Arme vorwärts, ohne die Beine einzusetzen. »Meine frühere Frau hat ihm zu einem Zeitpunkt, als sie dachte, jetzt müsste der Junge eigentlich so weit sein, beim Krabbeln abwechselnd die Knie vorgeschoben und das Ganze ein paar Mal wiederholt, bis er es tatsächlich von sich aus beherrscht hat«, berichtet Ludwig Fitzhanns.

Eine andere Form von Ansporn trug später, als Steffen 17 Monate alt war, dazu bei, dass er seine ersten Schritte unternahm. In diesem Alter laufen bereits drei Viertel aller Kinder. »Die kleine Tochter von Bekannten war zu

Besuch. Ein paar Monate jünger als mein Sohn, aber sie war schon ganz gut zu Fuß«, meint Herr Fitzhanns. Steffen habe dies aus einigen Metern Abstand mit unverhohlenem Neid beobachtet und sei dann förmlich auf das Mädchen zugestürzt, um sich an ihr festzuklammern. Schließlich hätten beide Kinder das Gleichgewicht verloren und seien zusammen zu Boden gestürzt. Das Ergebnis war großes Gebrüll, aber der kleine Steffen hatte den Mut gefasst, seine ersten freien Schritte zu wagen.
Ludwig Fitzhanns erinnert sich daran, dass ihm seine Mutter einst erzählt hat, auch er selbst sei ein Spätzünder gewesen, was die motorische Reifung betrifft. So habe er im Alter von 15 Monaten das Laufen gelernt, einige Monate später als die meisten Gleichaltrigen. Auch sei er, ähnlich seinem älteren Sohn, häufig ziemlich ungeschickt gewesen. Beide hätten immer noch Schwierigkeiten mit der räumlichen Orientierung.

Wahrnehmungsschwierigkeiten im Babyalter

Probleme mit der Verarbeitung von Sinnesreizen

Bei manchen Kindern, deren Bewegungsabläufe sich eher langsam entwickeln, werden Probleme mit der Wahrnehmung deutlich, also mit der Aufnahme und Weiterverarbeitung von äußeren und inneren Sinnesreizen. Dies kann sich auf das Gleichgewichtsempfinden, auf Grob- oder Feinmotorik und auf die Orientierung im Raum auswirken, wie im vorigen Beispiel. Nicht selten sind auch Seh-, Hör- oder Tastsinn betroffen, und in einigen Fällen gelingt es dem Nachwuchs kaum, sich an die Signale aus dem Inneren seines Körpers zu gewöhnen. Jedes unerwartete Gefühl scheint dann bedrohlich zu sein.
Ebenso wie der Umstand, dass manche Babys verzögert heranreifen, scheinen solche Wahrnehmungsstörungen genetisch mitbedingt zu sein. Aber natürlich erbt keineswegs jeder Säugling die Schwierigkeiten seiner Eltern. Und selbst wenn

bei einem Säugling zunächst bestimmte Störungen auftreten, die Vater oder Mutter aus ihrer eigenen Kindheit sehr vertraut sind, hängt es ein Stück weit von der Herangehensweise der Erwachsenen ab, ob aus einer Entwicklungsverzögerung langfristige Probleme erwachsen oder ob der Sprössling im späteren Leben gut mit sich und seiner Umwelt zurechtkommt.

Ungeschickte Babys und die »Flucht nach vorn«

Motorische Schnellentwickler mit Geschicklichkeitsproblemen

Es gibt auch Kinder, deren Bewegungsapparat sich relativ schnell entwickelt, die aber dennoch ziemlich ungeschickt erscheinen und ebenfalls weitgehend auf Übergangspositionen verzichten. Diese Jungen und Mädchen fallen weniger auf als verzögert heranreifende Babys, allerdings leiden sie durchaus an vergleichbaren Schwierigkeiten.

Nur führen die Probleme mit dem Gleichgewichtssinn bei ihnen nicht dazu, dass sie weitgehend auf vertrauten Haltungen und Positionen beharren. Vielmehr verhält sich ein solcher Säugling wie ein schüchterner Erwachsener, der seine sozialen Ängste bei einem geselligen Anlass dadurch unterdrückt, dass er den ganzen Abend über Monologe hält. Psychologen sprechen hier von einer »Flucht nach vorn«. In einer vergleichbaren Weise stürzt ein solches Baby in jede erreichbare Bewegung hinein, ohne diesen Prozess Schritt für Schritt durch Übergänge vorzubereiten und dadurch das eigene Selbstvertrauen und die Geschicklichkeit zu stärken.

Deshalb neigen Kleinkinder mit einer schnellen, aber unsicheren motorischen Entwicklung zu eckigen, überschießenden bis explosionsartigen Bewegungen, die oft zu Unfällen führen, was den Nachwuchs allerdings nicht davon abzuhalten scheint, das nächste Abenteuer ebenso ungestüm anzugehen. Diese Säuglinge legen überdies kaum Ruhepausen ein, wenn sie eigentlich welche bräuchten, im Wachzustand sind sie fast immer in Bewegung. Außerdem nehmen sie Schmerzen häufig kaum wahr, es gelingt ihnen nicht so gut, den eigenen Körper zu spüren.

Während langsame, entwicklungsverzögerte Kinder an dem zu kleben scheinen, was sie gerade tun, haben Säuglinge mit einer Tendenz zur überschnellen Flucht nach vorn offensichtlich eine besonders kurze Aufmerksamkeitsspanne, was sie von einer Situation zur nächsten stolpern lässt, ohne dass sie ausreichend Gelegenheit hätten, aus den eigenen Fehlern und Erfolgen zu lernen.

Meistens sind diese Kinder damit beschäftigt, ein labiles motorisches Gleichgewicht zu halten; deshalb fällt es ihnen schwer, sich in dieser Zeit auf etwas anderes zu konzentrieren. Solche Babys können sich nur langsam an veränderte Umweltbedingungen gewöhnen. Auch das spielerische Experimentieren fällt ihnen schwer, denn jede neue Position fordert ihre gesamte Aufmerksamkeit. Da diese Jungen und Mädchen außerdem immer wieder erleben müssen, dass zwischen dem, was sie wollen, und dem, was sie schließlich erreichen, ein erhebliches Missverhältnis besteht, kommt es zwangsläufig zu Frustrationserlebnissen und es kann mit der Zeit passieren, dass ihr innerer Antrieb und die Freude am Selbstständigwerden zurückgehen.

Feste Alltagsstrukturen sind wichtig.

Für Schnellentwickler, deren motorischer Reifungsprozess eher sprunghaft, vergleichsweise unfallträchtig und weitgehend ohne Übergangspositionen verläuft, gilt, ähnlich wie bei entwicklungsverzögerten Kindern, dass es sinnvoll ist, wenn die Erwachsenen unerwartete Veränderungen und wechselnde Außenreize in der Umgebung ihres Säuglings verringern, wo immer dies möglich erscheint. Klare Alltagsstrukturen mit häufigen Wiederholungen, angemessenen Pausen und einem Rhythmus, den das Kleine mehr und mehr vorhersehen kann, helfen ebenfalls.

Schmerzunempfindliche Babys unterstützen

Bei den Babys, deren Schmerzempfindung verringert zu sein scheint und denen es wenig ausmacht, hinzufallen, fest angefasst zu werden oder ein bisschen zu heiß oder zu kalt zu baden, erweist es sich oft als angemessen, wenn die Erwachsenen beispielsweise die körperlichen Folgen eines Sturzes durch Mimik, Gesten und Worte verdeutlichen, etwa »Oh, du bist hingefallen, aua…«. So achtet das Kleine mit der Zeit stärker auf das, was in ihm geschieht.

Und nicht zuletzt fühlen sich auch überschnelle, ungeschickte Säuglinge sicherer, falls ihre Eltern wenig Angst um sie haben, ihnen etwas zutrauen und ihre Selbstständigkeit angemessen unterstützen, obwohl diese Kinder zu mitunter nicht ganz ungefährlichen Missgeschicken neigen. Mütter und Väter hingegen, die dazu tendieren, sich übermäßig viele Sorgen zu machen, Erzieher, die bestrebt sind, ihrem Sprössling jede mögliche Gefahr aus dem Weg zu räumen, tragen eher dazu bei, die Unsicherheit beim Nachwuchs noch zu verstärken.

Überversorgung kann Unsicherheiten verstärken.

Allerdings kann es sich für die Erwachsenen im Alltag durchaus gelegentlich als schwierig erweisen, im Umgang mit Sohn oder Tochter so etwas wie einen gesunden Mittelweg zwischen hemmender Furchtsamkeit und unangemessenem Leichtsinn zu finden.

Entwicklungsverzögerungen beim Spielverhalten

Im Spiel experimentiert ein Baby selbstständig mit sich selbst und mit seiner Umwelt. Dieser Prozess kann von den Eltern mehr oder weniger sinnvoll unterstützt werden. Manche entwicklungsverzögerten Säuglinge machen beim Spielen genauso schnell Fortschritte wie die meisten Gleichaltrigen. In diesen Fällen beschränkt sich der Rückstand häufig auf die Motorik, andere Bereiche sind weniger stark betroffen. Einige kleine Kinder jedoch lassen sich beim Spielen ebenso Zeit wie bei den verschiedenen Bewegungsprozessen. Das bedeutet normalerweise auch hier, dass die einzelnen Reifungsschritte in der gleichen Reihenfolge auftreten, nur eben später als bei den meisten Jungen und Mädchen.

Spielend lernen

Ob die Spielentwicklung langsam oder schnell verläuft: In den ersten Lebensmonaten ist ein Baby noch nicht dazu in der Lage, zielgerichtet nach einem äußeren Objekt zu greifen. Wenn ihm dies schließlich gelingt, durchschnittlich nach etwa vier Monaten, manchmal später, erforscht es anschließend jeden interessanten Gegenstand mit den Augen, den Händen und dem Mund. Die Kontrolle über die nähere Umgebung wächst, ebenso die Beherrschung des eigenen Körpers. Auf mehr als ein Objekt zur gleichen Zeit kann sich der Säugling allerdings noch nicht konzentrieren.

Erst später schlägt das Kleine zwei Spielzeuge gegeneinander, einige Monate darauf hantiert es mit zwei Gegenständen. Schließlich baut es etwas Größeres aus mehreren Objekten, etwa Bauklötzen, auf. Diese Reifestufe wird im Allgemeinen zwischen dem 10. und dem 27. Monat erreicht (nach Aly, Das Sorgenkind im ersten Lebensjahr, 1998). Es folgen Phantasiespiele, zunächst im Selbstgespräch, dann mit anderen Kleinkindern. Letzteres geschieht normalerweise nicht vor einem Alter von knapp zwei bis drei Jahren.

Beim Spielen überfordert

Wie bei der Motorik gilt auch für das Spielverhalten, dass sich der Nachwuchs überfordert fühlt, wenn er immer wieder dazu angeregt wird, etwas zu tun, was seinen individuellen Möglichkeiten noch nicht entspricht, etwa bei einer verlangsamten Entwicklung. Dauernde Frustrationen sind hier die Folge. Ein wirkliches Vertrauen in die eigenen Fähigkeiten und darauf, von Mutter und Vater so akzeptiert zu werden, wie man eben ist, kann auf diese Weise nicht gut entstehen.
Angemessene Spielzeuge sollten das Interesse eines Babys wecken und außerdem seinen aktuellen motorischen, emotionalen und auf die Wahrnehmung bezogenen Fähigkeiten entsprechen. Auf diese Weise ist der Säugling zunehmend in der Lage, selbstständig mit seiner Umwelt umzugehen, verschiedene Handlungsweisen auszuprobieren und aus kleinen Erfolgen und Misserfolgen zu lernen, ohne sich unter Druck gesetzt zu fühlen. Wachsendes Selbstvertrauen ist die Folge.

Sinnvolle und weniger sinnvolle Babyspielzeuge

Den Entwicklungsstand des Babys berücksichtigen

Die Expertin Monika Aly empfiehlt Eltern, zumindest in den ersten Monaten auf Spielgegenstände zu verzichten, die über dem Bettchen hängen, zum Beispiel Mobiles, denn solche Dinge überlasten das Wahrnehmungsvermögen eines Neugeborenen. Relativ ungünstig sind auch Objekte, die sich automatisch bewegen, die blinken oder Töne hervorbringen, etwa Spieluhren oder elektronische Spielzeuge, denn sie bombardieren das Baby mit Reizen und überfordern es eher, als es neugierig zu machen und seine zunehmende Eigenständigkeit zu fördern.

Im Allgemeinen braucht ein Säugling keine besonderen Anregungen oder Vorschläge der Erwachsenen, um zu spielen. Meistens reicht ein einfacher, großer Gegenstand, den Vater und Mutter neben ihren Sprössling legen können, sobald er dazu in der Lage ist, danach zu greifen und sich aktiv mit ihm zu beschäftigen. Zum Beispiel ein weiches Stofftuch oder ein Plastikbecher.

Auch beim Spielen fördern Wiederholungen die Sicherheit.

Wenn ein Baby Zeit hat, sich an ein bestimmtes Spielzeug zu gewöhnen und manche Abläufe so lange zu wiederholen, bis es einmal etwas anderes ausprobieren möchte, entspricht das dem natürlichen Rhythmus in diesem Lebensalter eher, als wenn die Eltern ihren Sprössling immer wieder mit etwas Neuem überraschen wollen. Wiederholungen tragen zu einem Gefühl der Sicherheit bei. Häufige Veränderungen hingegen können ein Kind auch in diesem Bereich verunsichern, besonders wenn es sich eher langsam entwickelt. Der individuelle Rhythmus und die Interessen des Säuglings sollten eher im Mittelpunkt stehen als die Erwartungen der Erzieher, womit sich ihr Nachwuchs in einem bestimmten Alter beschäftigen müsste.

Verzögerte Sprachentwicklung

Auch das Verständnis und die Artikulation der Muttersprache reifen bei Kindern im Allgemeinen Schritt für Schritt heran. Viele Jungen und Mädchen, die sich motorisch eher langsam entwickeln, haben mit diesen frühen intellektuellen Fertigkeiten keine Schwierigkeiten. Problematisch ist hier häufig nur der Umstand, dass die Kleinen eine Zeit lang feststellen, dass zwischen dem, was sie mental erreichen wollen, und dem, was ihr Bewegungsapparat beherrscht, ein Missverhältnis besteht.

Wenn die Eltern solche Notsituationen bei ihrem Sprössling erkennen, ohne sich davon allzu sehr verunsichern zu lassen, und ihn behutsam unterstützen, ohne ihm zuviel abzunehmen, gehen die entsprechenden Schwierigkeiten normalerweise nach ein paar Monaten zurück. Denn das Kind holt seinen motorischen Rückstand langsam auf, das Vertrauen in die eigenen Fähigkeiten nimmt also zu.

Andere Spätzünder lassen sich mehr Zeit, bis sie die ersten Wörter sprechen. Manchmal ist die motorische und die emotionale Reifung unauffällig verlaufen, in anderen Fällen wird ein Entwicklungsrückstand in verschiedenen Bereichen deutlich. Weil die Beherrschung der Muttersprache für unser Leben zentrale Bedeutung hat, fühlen sich viele Eltern besonders verunsichert, wenn ihr Nachwuchs noch nicht redet, obwohl die meisten Bekannten mit gleichaltrigen Kindern enthusiastisch von den verbalen Fortschritten ihrer Sprösslinge berichten.

Verzögerungen der Sprachentwicklung verunsichern die Eltern.

Allerdings beschränkt sich die aktive Kommunikation eines Babys keineswegs auf Wörter und kurze Sätze. Schon bei Erwachsenen machen die so genannten nonverbalen, also nichtsprachlichen Aspekte den Großteil einer Unterhaltung aus. Bei Säuglingen beschränkt sich der Austausch mit Mutter und Vater lange Zeit auf nonverbale Signale, und das gilt auch für kleine Kinder, die das Sprechen später lernen als andere.

Auch in diesem Bereich beobachtet man im Allgemeinen eine schrittweise Entwicklung, bei der keine Stufe ausgelassen wird, auch wenn einige Jungen und Mädchen relativ lange in manchen Phasen verweilen. Schon mit wenigen Wochen achtet ein Neugeborenes auf Personen, von denen es angesprochen wird. Später lächelt das Kleine, wenn sich die Erwachsenen mit ihm beschäftigen. Obwohl Kinder vor dem Alter von ungefähr ein bis zwei Jahren nicht dazu in der Lage sind, vollständige Wörter zu äußern, verstehen sie bereits etliche Monate früher einiges von dem, was ihnen ihre Eltern sagen. Sie kommunizieren aktiv mit Mimik und Gesten, später kommen Laute hinzu, danach das so genannte Lallen, dann einzelne Wortsilben.

Nachdem ein Baby schließlich so genannte Einwortsätze bildet, die zunächst eine Menge bedeuten können (etwa »Auto« für alles, was laut ist), folgen Zweiwortsätze, meistens im Alter von 14 bis 30 Monaten (nach Aly, Das Sorgenkind im ersten Lebensjahr, 1998). Mit durchschnittlich drei bis vier Jahren nimmt der Wortschatz schließlich explosionsartig zu. In dieser Zeit verwenden Jungen und Mädchen längere Satzkonstruktionen, und sie lernen auch wichtige grammatikalische Regeln ihrer Muttersprache.

Grundlagen der Sprachentwicklung

Genetische Grundlagen der Sprachentwicklung

Wissenschaftler haben herausgefunden, dass es im menschlichen Gehirn vermutlich eine ererbte Grundlage dafür gibt, im Kleinkindalter schrittweise die Regeln der Sprache zu erlernen, die von der näheren Umgebung verwendet wird. Ein Indiz: Schon wenige Monate alte Neugeborene achten deutlich stärker darauf, wenn sie Sätze einer natürlichen Sprache zu hören bekommen, als wenn man sie mit Sätzen konfrontiert, die künstlich konstruiert worden sind. So verschieden uns die Sprachen auf dem Globus auch erscheinen mögen, so gut passen ihre unterschiedlichen grammatikalischen Grundregeln doch zu der Art und Weise, wie wir uns das Sprechen in frühen Jahren aneignen. Auch wenn dieser Prozess kürzer oder länger dauern mag, geschieht er normalerweise fast von allein. Fast alle Kinder können auch zwei Sprachen lernen, ohne dass sie dabei Gefahr laufen, sie immer wieder durcheinander zu bringen.

Sprachentwicklung und familiäre Umgebung

Natürlich hängt das Ergebnis davon ab, wie gut die Bezugspersonen eines Babys in der verbalen Kommunikation sind, und wie viel in der Familie überhaupt geredet wird. Allerdings lassen sich auch hier manche Defizite der frühesten Jahre im weiteren Verlauf der Kindheit ausgleichen, etwa wenn ein Nachkomme von Einwanderern, die zu Hause kaum Deutsch sprechen, diese Fähigkeit in einem Vorschulkurs aufbaut.

Die einzige weitere Voraussetzung ist hier, dass Mutter und Vater immer wieder mit dem Säugling kommunizieren, dass sie mit ihm auch in einer Zeit reden, in der er das noch nicht kann, und dass sie dem Kleinen emotionale Sicherheit geben. Der rege nonverbale Austausch zwischen Eltern und Kind gilt in den allermeisten Fällen als Indiz dafür, dass Sohn oder Tochter irgendwann sprechen wird, auch wenn es vielleicht ein paar Monate länger dauert als bei vielen Gleichaltrigen. Auch die Beobachtung, dass ein Baby bei der vorsprachlichen Entwicklung keinen Schritt auslässt, auch wenn es möglicherweise überdurchschnittlich lange auf jeder Stufe verweilt, deutet darauf hin, dass das Kleine seinen Rückstand mehr oder weniger vollständig ausgleichen wird.

Sascha lernt sich durchzusetzen

Sascha, heute sieben Jahre alt, ist der mittlere von drei Brüdern. In seinem ersten Lebensjahr fiel den Eltern auf, dass sich ihr Sohn relativ wenig bewegte. Beim Kinderarzt wurde eine verringerte Muskelspannung festgestellt.

Später erwies sich, dass der Junge das Laufen ziemlich spät erlernte und im motorischen Bereich eher ungeschickt erschien. Seinem älteren Bruder, der lange eifersüchtig war und sich oft mit Sascha stritt, ist er an Kraft und Durchhaltevermögen deutlich unterlegen. Das trug zu Selbstwertproblemen bei. Bis er drei war, musste Sascha einige längere Krankenhausaufenthalte durchstehen.

Außerdem sprach das Kind einige Monate nach den meisten Gleichaltrigen. Mehrere Jahre verwendete Sascha fast nur Haupt- und Eigenschaftswörter. Seine Grammatik war in dieser Zeit eher auf dem Stand eines Zwei- bis Dreijährigen als auf dem eines Vier- oder Fünfjährigen. Der Junge redete zudem recht leise, so dass die Erwachsenen immer wieder nachfragen mussten, was ihn sehr verunsicherte.

Doch heute, mit sieben Jahren, kann sich Sascha recht gut so annehmen, wie er ist. Auch wenn er nach wie vor schwächer und weniger ausdauernd erscheint, wenn er sich mit seinen Brüdern misst, kommt er sich kaum noch unterlegen vor. Seine Grob- und Feinmotorik hat sich weitgehend an die von anderen Siebenjährigen angeglichen, auch wenn er immer noch schwächer und kleiner ist als die meisten.

Zwar spricht Sascha nach wie vor ziemlich leise, und er blickt sein Gegenüber nur selten an. Daran, dass die Erwachsenen häufig nachfragen, wenn sie etwas nicht verstehen, hat er sich jedoch gewöhnt. Außerdem gelang es dem Jungen, eine angemessene Rolle im Kreis seiner Familie zu finden. Der ältere Bruder kann ihn inzwischen akzeptieren, wozu neben der Gewissheit, immer der Größere zu bleiben, auch das gestiegene Selbstvertrauen des Siebenjährigen beigetragen hat. Seine Mutter war irgendwann dazu übergegangen, Sascha Raum zu lassen, seine geschwisterlichen Konflikte weitgehend selbstständig zu lösen, was in diesem Fall gut funktioniert hat.

Ein bisschen, heißt es, lebt dieses Kind in seiner eigenen Welt. Manche Ärzte würden vielleicht eine schwache Form von Autismus diagnostizieren. Doch er hat in den letzten Jahren, noch vor dem Besuch der ersten Klasse, eine Menge gelernt, teilweise Erstaunliches. Wenn er etwa mit seiner Familie einen Botanischen Garten besucht, kann er praktisch alle Pflanzen differenziert bestimmen. Sascha liebt Pflanzen.
Überdies ist er dazu in der Lage, Sätze so zu formulieren wie die meisten Gleichaltrigen, einschließlich einer korrekten Grammatik. Seine Mutter empfindet ihn im Bereich der Sprache sogar als äußerst phantasievoll. Einmal sagte Sascha beispielsweise, nachdem er nachgedacht hatte: »Wir sehen etwas Gelbes und denken, es ist der Sommer.« Eine philosophische Aussage, mit der sich auch Erwachsene längere Zeit beschäftigen können.

Sprachfehler und andere Sprechprobleme

Viele kleine Kinder haben für eine gewisse Zeit einen Sprachfehler. Manche lispeln. Andere haben vielleicht Probleme damit, den »K«- oder den »Sch«-Laut richtig auszusprechen. (Hier sind natürlich keine Dialekte gemeint, in denen vieles anders ausgedrückt wird als im Hochdeutschen.)

Die meisten Schwierigkeiten in diesem Bereich verschwinden wie von selbst, oft noch bevor der Betroffene in die Schule kommt. Andere bilden sich nicht so leicht zurück. Dazu gehören viele Fälle, in denen jemand im Kindergarten- oder Grundschulalter stottert, und das so genannte Poltern. Letzteres wird beschrieben als anhaltend hohe Sprachgeschwindigkeit, wobei der Sprachfluss immer wieder abbricht, so dass auch größere Kinder kaum zu verstehen sind.

Viele Sprachfehler verschwinden von allein.

Stottern und Poltern können auch einige Jahre nach einer regulären Sprachentwicklung auftreten. Sie gelten als proble-

Längerfristige Sprachprobleme

matisch, wenn sie mindestens drei Monate andauern (nach: Internationale Klassifikation psychischer Störungen, ICD-10, 2000). Nicht selten empfiehlt sich dann eine logopädische oder psychotherapeutische Behandlung, die oft vom Kinderarzt vermittelt wird.

Verzögerte Entwicklung oder Behinderung?

Einige Behinderungen lassen sich schon vor oder kurz nach der Geburt eines Babys feststellen. Dazu gehören unter anderem das Down-Syndrom, das früher Mongolismus genannt wurde, und die so genannte Spina bifida, eine Krankheit, die mit einer Ausstülpung des Rückenmarks an der Wirbelsäule einhergeht und bald nach der Entbindung operativ behandelt werden muss.

Die allermeisten dauerhaften körperlichen oder geistigen Einschränkungen lassen sich jedoch erst nach mehreren Jahren sicher diagnostizieren und von einer Entwicklungsverzögerung abgrenzen. Häufig hat das betroffene Kind im motorischen, emotionalen oder kommunikativen Bereich auf jeder Entwicklungsstufe besonders viel Zeit gebraucht oder zusätzlich manche Schritte ausgelassen. Nicht selten ist die Muskelanspannung des Säuglings chronisch herab- oder heraufgesetzt. Ab einem bestimmten Punkt des Heranreifens finden dann kaum noch weitere Fortschritte statt. Manchmal beschränkt sich die Behinderung auf ein bestimmtes Gebiet, in anderen Fällen ist die Störung umfassender.

Diese kurze Darstellung macht deutlich, wie schwierig es für die Erzieher, aber auch für medizinische Fachkräfte sein kann, eine bleibende Retardierung, so der entsprechende Fachbegriff, von einer langsamen, aber regulären Entwick-

lung zu unterscheiden. Häufig ist zur Klärung dieser Frage eine langfristige, aufmerksame Beobachtung des Kindes durch Mutter und Vater mindestens ebenso wichtig wie die verschiedenen medizinischen Untersuchungen.
Oft haben die Eltern in der ersten Zeit die Augen vor allen Beobachtungen verschlossen, die auf eine Behinderung von Sohn oder Tochter hindeuten könnten. Das ist zunächst ein durchaus sinnvoller Selbstschutzmechanismus. Auf der anderen Seite gibt es auch Väter und Mütter, die bei jeder Entwicklungsverzögerung, die sie bei ihrem Sprössling feststellen, eine mögliche Behinderung befürchten. Solche Ängste setzen die Erwachsenen häufig ebenso stark unter Druck wie den Nachwuchs, auch wenn sie sich irgendwann als unbegründet erweisen.
Ungefähr drei Prozent aller Neugeborenen in den Industriestaaten sind tatsächlich behindert, ob auf der körperlichen, intellektuellen oder emotionalen Ebene. Manchmal wirkt sich eine solche dauerhafte Einschränkung auf die verschiedensten Lebensbereiche aus. Das gilt zum Beispiel für so genannte Mehrfachbehinderungen, aber auch für bestimmte Formen von frühkindlichem Autismus.

Autismus als umfassende Behinderung

Emotionale Zugangsprobleme

Bei dieser Krankheit stehen unter anderem Probleme mit der Wahrnehmung und Interpretation von Gefühlen im Mittelpunkt. Die betroffenen Kinder, meist Jungen, können sich kaum in andere Menschen hineinversetzen. Auch geringfügige Veränderungen ängstigen sie. Die Kommunikation mit der Umwelt ist stark eingeschränkt. In schweren Fällen gelingt es den Betroffenen nicht, sprechen zu lernen, der Austausch beschränkt sich auf die nonverbale Ebene. Andere Autisten holen mit den Jahren einiges von dem auf, was nichtbehinderte Gleichaltrige deutlich früher beherrscht haben, auch im Bereich der Sprache. Für die Eltern ist der Umgang mit einem autistischen Kind ziemlich schwierig. Sie müssen sich auf dessen Eigenarten einstellen, was normalerweise deutlich anstrengender ist als bei anderen Jungen und Mädchen.

Schwierigkeiten im Umgang mit autistischen Kindern

Patrick – Ein autistisches Kind

Thomas und Inge Stolzberg haben drei Kinder, zwei von ihnen sind behindert. Patrick, der jüngere Sohn, ist autistisch. Schon seit seiner Geburt, erzählt die Mutter, habe sie den Eindruck gehabt, dass mit Patrick »irgendwas nicht stimmt«, obwohl sie dieses Gefühl nicht an besonderen Auffälligkeiten festmachen konnte.

Erst als Frau Stolzbergs Jüngster mit anderthalb Jahren noch nicht sprach, ja sogar immer weniger reagierte, wenn man sich ihm zuwandte, folgten gezielte medizinische Untersuchungen, die schließlich den Verdacht auf frühkindlichen Autismus erhärteten. Außerdem hatte der Junge kurz zuvor wegen einer Windpockeninfektion eine Woche lang hohes Fieber; die Ärzte befürchteten eine Gehirnhautentzündung. »Ob nun Patricks Krankheit dazu beigetragen hat, dass er autistisch wurde, oder ob die Erkrankung eine Folge der Überlastung seines Gehirns war, ließ sich damals nicht feststellen«, erinnert sich Inge Stolzberg. Dies sei aber für die Therapie auch nicht entscheidend gewesen.

Es dauerte einige Jahre, bis Patrick einzelne Wörter benutzte, die Mutter und Vater verstehen konnten. Dass er oft ungestüm war und auf jede Veränderung mit einem Wutanfall reagierte, war für seine Eltern oft schwer auszuhalten. Erst als der Junge in einen Integrationskindergarten kam, in dem behinderte und nichtbehinderte Kinder betreut werden, fiel den Stolzbergs der Umgang mit Patrick zunehmend leichter. Das autisti-

sche Kind gewöhnte sich an bestimmte Regeln des Zusammenlebens, etwa daran, dass ein »Nein« auch wirklich Nein bedeutet, sowohl in der Familie als auch im Kindergarten.
Im Jahr 2003 geht Patrick, inzwischen elf, auf eine Integrations-Grundschule. Im Sommer ist er zum ersten Mal ohne seine Familie im Urlaub, zwei Wochen Ferienlager an einem See, gemeinsam mit behinderten und nichtbehinderten Kindern. »Das hat ihm viel gebracht«, meint Frau Stolzberg, »und uns hat es dabei geholfen, ihn auch einmal loszulassen«.
Patrick versteht heute ungefähr 90 Prozent von Alltagsgesprächen und direkter Ansprache. Seine Mutter empfindet Stolz, weil es ihrem Sohn kürzlich trotz seiner schweren Behinderung gelungen ist, in der Schule Farben spielerisch richtig zuzuordnen: Rot, blau, lila, gelb, grün. »Sie üben sogar mit Patrick, seinen Vornamen zu schreiben«, erzählt Inge Stolzberg.

»Warum ich?«

Relativ unabhängig von der Art der Behinderung, die bei einem Kind festgestellt wird, geht es den Eltern erst einmal schlecht, wenn die entsprechende Diagnose feststeht. Viele Erwachsene stellen sich die Frage, warum ausgerechnet sie betroffen sind. Nicht selten fühlen sich die Eltern eines Behinderten ein Stück weit ausgegrenzt, wozu viele Reaktionen der Umgebung beitragen können. Etwa das Bestreben von Bekannten, das schwierige Thema zu vermeiden, aber auch wiederholte Mitleidsbekundungen oder wohlgemeinte Versuche, die Betroffenen zu beruhigen.

Schuldgefühle bewältigen

Hinzu kommen häufig Schuldgefühle, die manchmal längere Zeit anhalten. Selbst wenn Ärzte und andere professionelle Helfer den Erwachsenen versichern, dass sie absolut nichts falsch gemacht haben, dass sie alles dazu tun, um ihrem Kleinen gute Eltern zu sein, und dass Behinderungen eben in manchen Fällen auftreten – Behinderungen, die nicht auf äußere Einflüsse zurückzuführen sind.

Hilfe für Eltern behinderter Kinder

Manche Erzieher mit einem Kind, das dauerhaft in seiner Entwicklung eingeschränkt ist, sehen sich durch Beratungsstellen oder einen einfühlsamen Psychotherapeuten positiv unterstützt. Andere nehmen an einer Selbsthilfegruppe teil, in der sie sich mit Menschen austauschen können, die ebenfalls betroffen sind, um sich nicht mehr so allein zu fühlen und vielleicht ein paar wertvolle Hinweise zu bekommen. Auch das Internet bietet verschiedene Foren an, die dabei helfen können, mit der Erkenntnis fertig zu werden, dass sich der eigene Sprössling in bestimmten Bereichen anders entwickeln wird als die meisten gleichaltrigen Kinder, obwohl er genauso viel Liebe bekommt.

Spätentwickler vom Kleinkindalter bis zur Vorpubertät

Emotionale Reifungsverzögerungen im Kindergartenalter

Wenn man von dauerhaften Behinderungen absieht, haben sich die meisten Verzögerungen in der Bewegungsentwicklung, wie sie ab Seite 37 beschrieben worden sind, in den ersten beiden Lebensjahren weitgehend ausgeglichen. Im Kindergarten- und im frühen Schulalter lassen sich bei Jungen und Mädchen, die eher spät heranreifen, vor allem emotionale Störungen beobachten.

Umbruchphase Kindergarten

Der Beginn der Kindergartenzeit stellt auch altersgemäß entwickelte Sprösslinge vor eine Vielzahl neuer Herausforderungen: Zum ersten Mal verbringen sie regelmäßig mehrere Stunden pro Tag außerhalb ihrer Familie, was Verlassenheits- und Einsamkeitsgefühle auslösen kann. Außerdem müssen sie fremde Kinder kennen lernen, mit ihnen spielen und kommunizieren und sich ab und zu mit jemandem auseinander setzen. Gleichzeitig geht es darum, etliche neue Eindrücke und eine unbekannte Umgebung zu bewältigen.

Spätzündern fällt all dies oft noch deutlich schwerer. Nicht selten vermissen sie die Geborgenheit ihres Elternhauses besonders stark. Häufig neigen sie zum Anklammern an Mutter oder Vater, wenn sie in den Kindergarten gebracht werden, und reagieren mit Schüchternheit auf den fremden Ort und die unvertrauten Personen.

Die entsprechenden Ängste äußern sich zum Beispiel darin, dass sich Jungen und Mädchen in der Spielgruppe längere

Clarissa – Ohne Rückhalt und Geborgenheit

Clarissa Niemeyer entschließt sich mit 28 Jahren zu einer Psychotherapie, weil sie den Eindruck hat, von anderen Menschen, etwa ihrem Freund, sehr abhängig zu sein. Selbst Entscheidungen zu treffen, fällt ihr schwer, ebenso das Alleinsein.

Die seelischen Schwierigkeiten der jungen Frau gehen bis in das Baby- und Kindergartenalter zurück. Clarissa Niemeyer beschreibt ihre Mutter als »instabile Person« mit einem schweren Alkoholproblem, von der sie oft geschlagen und ansonsten vernachlässigt wurde. Ihr Vater verließ die Familie, als Clarissa zwei Jahre alt war. Anschließend untersagte die Mutter dem Mädchen jeden Kontakt zum Vater, an den sich Frau Niemeyer mit Liebe erinnert. Auch ihre beiden Schwestern und ihr Bruder litten unter den belastenden Umständen in der Familie.

Bei Clarissa Niemeyer führte der fast vollständige Mangel an Halt und Geborgenheit dazu, dass sie schon als Kind starke Angstgefühle in der Gegenwart fremder Menschen empfand. So als könne sich jeder, ob groß oder klein, im nächsten Moment in die unberechenbare, prügelnde, psychisch hochgradig gestörte Mutter verwandeln.

»Im Kindergarten hab' ich immer wieder gekotzt, weil ich solche Angst vor den anderen Kindern hatte«, erinnert sich Frau Niemeyer. In dieser Zeit habe sie auch wieder angefangen, zu Hause ins Bett zu machen, worauf es die immer gleiche Antwort gab: Schläge von der Mutter. Die kleine Clarissa traute sich nicht, mit Gleichaltrigen Kontakt aufzunehmen, wodurch sie in eine Außenseiterrolle kam. Später lief sie aus dem Kindergarten fort, wenn die belastenden Gefühle zu stark wurden. Ein Verhaltensmuster, das sich noch lange fortsetzte, auch als sie schließlich in ein Heim kam.

Zeit kaum an Spielen und Gesprächen beteiligen oder bei geringfügig erscheinenden Anlässen weinen. Manchmal kommt es zu Hause auch zu Schlafstörungen mit häufigen Albträumen oder Bettnässen. Vor allem bei unsicheren Jungen können im Kindergarten- und Grundschulalter auch Hyperaktivität oder unverhältnismäßige Aggressionen auftreten, die gelegentlich einer überstürzten Flucht nach vorn entsprechen. Manchmal stehen hier auch familiäre Probleme im Hintergrund. Mädchen mit vergleichbaren Schwierigkeiten ziehen sich häufig eher in sich zurück und versuchen, bedrohlich wirkende Situationen zu vermeiden.

Vom Umgang mit kindlichen Ängsten

Dass es Kindern schlecht geht, wenn sie wie im folgenden Beispiel mit ihren Ängsten von den Eltern allein gelassen oder sogar misshandelt werden, liegt auf der Hand. Auf der anderen Seite sind Mütter und Väter, die sich ständig Sorgen um ihren Nachwuchs machen, die ihre Sprösslinge wegen dieser Befürchtungen stark kontrollieren oder ihnen jede Entscheidung abnehmen, ebenfalls keine große Hilfe, was die Bewältigung kindlicher Ängste betrifft.

Überbehütung ist ähnlich problematisch wie Vernachlässigung.

Was könnten sinnvolle Alternativen sein? Zunächst einmal gibt es sicherlich kein Patentrezept beim Umgang mit Problemen des Erziehungsalltags, und das gilt genauso für das Kindergartenalter wie für die Babyzeit, für das Grundschulalter ebenso wie für Pubertät und Jugendphase.

Pädagogische Herangehensweisen, die nicht zum Charakter des Kindes oder zur Persönlichkeit der Eltern passen, verfehlen häufig ihr Ziel. Wenn sich eine bestimmte Maßnahme als fruchtlos oder kontraproduktiv erweist, erscheint es oft besser, wenn die Erwachsenen etwas anderes ausprobieren, als wenn sie um jeden Preis bei dem bleiben, was sie für angemessen halten. Ohnehin ist Erziehung, wie das Leben an sich, ohne chaotische Zeiten, ohne Schwächen und Fehler undenkbar. Wenn sich manche Probleme mit der Zeit lösen lassen, wenn sich die Eltern darüber im Klaren sind, dass sie, ebenso wie ihre Sprösslinge, keine perfekten Menschen sind und dass sie nicht auf Anhieb mit allen Schwierigkeiten angemessen umgehen können, ist schon viel gewonnen.

Trennungsängste im Kindergartenalter

Verlassenheitsängste bei Spätentwicklern

Manche Ängste von Jungen und Mädchen in der Kindergartenzeit hängen mit der Erfahrung zusammen, einige Stunden am Tag von der Familie getrennt zu sein. Das gilt nicht nur für emotionale Spätentwickler, aber bei ihnen sind die entsprechenden Befürchtungen oft besonders stark ausgeprägt.

Auch wenn es vielen Erwachsenen schwer fällt, Situationen auszuhalten, in denen ihre Kinder traurig, wütend oder verzweifelt sind, vor allem, wenn diese Gefühlsausbrüche nicht nach ein paar Tagen wie von selbst zurückgehen, wäre es sicherlich falsch, den Kleinen ihre Empfindungen ausreden zu wollen. Durch Bemerkungen wie »Aber du brauchst doch keine Angst zu haben, der Kindergarten wird dir bestimmt viel Spaß machen« fühlt sich der Nachwuchs nicht ernst genommen. Denn dem Kleinen macht die Vorstellung, den Vormittag über nicht bei Mama und Papa zu sein (oder sich mit einem Haufen fremder Kinder beschäftigen zu müssen), eben keineswegs viel Spaß, sondern eine Menge Sorgen.

Kindliche Gefühle ernst nehmen

Ähnlich fruchtlos wäre es, mit dem eigenen Sprössling jedes Mal intensiv mitzuleiden, denn das vermittelt Sohn oder Tochter zwangsläufig den Eindruck »Wenn es mir schlecht geht, dann geht es meinen Eltern auch schlecht«. In solchen Fällen entsteht beim Kind kein Sicherheitsgefühl und kein zunehmendes Vertrauen im Verhältnis zu sich und den Erwachsenen, sondern eher ein schlechtes Gewissen mit starken Schuldgefühlen.

Der Sachbuchautor Jan-Uwe Rogge empfiehlt in seinem Ratgeber »Ängste machen Kinder stark« (1999), dem Nachwuchs Abschiedssituationen weder vorzuenthalten noch sie übermäßig zu dramatisieren. Eine Mutter etwa, die es jeden Morgen kaum schafft, sich im Kindergarten von ihrem Kleinen zu verabschieden, weil sie ihn nicht wirklich loslassen kann, nicht einmal für ein paar Stunden, verstärkt durch dieses Verhalten seine Trennungsängste.

Wenn sich Eltern hingegen nicht allzu viele Sorgen um Sohn oder Tochter machen, scheint dies eine gute Grundlage für die Jüngeren zu sein, eigene Befürchtungen angemessen zu verarbeiten. Falls die Eltern ihrem Sprössling immer wieder vermitteln, dass er von ihnen so angenommen wird, wie er ist, mit allen angenehmen oder weniger angenehmen Gefühlen, gelingt es ihm häufig nach einer gewissen Zeit, die Unsicherheiten zu bewältigen, die zunächst einmal mit der neuen Lebensphase einhergehen.

Hilfreich ist es hier auch, wenn die Kleinen schon im Vorhinein ungefähr wissen, was auf sie zukommt, und dass sie am Nachmittag (oder, wenn sie eine Tagesstätte besuchen, am Abend) zuverlässig von Mama oder Papa abgeholt werden. Die Erwachsenen können auch von ihren eigenen Kindergartenerfahrungen berichten, etwa darüber, wie sie damals mit ihren Ängsten umgegangen sind, wodurch sie sich unterstützt gefühlt haben und was ihnen Freude gemacht hat. Das gilt in der gleichen Weise, wenn ein Größerer Angst vor der Schule hat oder noch nicht weiß, wie er nach an einem Umzug mit dem neuen Wohnort zurechtkommt.

Vorhersehbare Abläufe lassen Ängste kleiner werden.

Falls Spätzünder, die den Kindergarten besuchen, unter Trennungsängsten leiden, gehen viele Anfangsschwierigkeiten langsam zurück, wenn die Erwachsenen ihrem Nachwuchs Zeit lassen, sich an die neue Umgebung zu gewöhnen. Weitgehend gleich bleibende Alltagsstrukturen und eine vertrauensvolle Beziehung zu Mutter und Vater können dem Kleinen dabei helfen, selbstsicherer und selbstständiger zu werden. Bei einem Kind, das mit seinen Gefühlen ernst genommen wird, wächst häufig das Vertrauen, dass Trennungen schmerzhaft sein können, aber dass es sie überstehen wird, ohne ihnen hilflos ausgeliefert zu sein. Mit den Wochen und Monaten wird es ihm vielleicht sogar Spaß machen, außerhalb des Elternhauses Erfahrungen zu sammeln, die es mit seiner Familie und seinen Freunden teilen kann.

Schüchternheit im Kindergartenalter

Falls ein kleiner Mensch längere Zeit braucht, um mit einem neuen Ort, mit unbekannten Kindern oder Erwachsenen warm zu werden, ist dies vollkommen normal und nichts, worüber sich die Großen Sorgen machen müssten. Bei Jungen und Mädchen, die, etwa aufgrund einer Entwicklungsverzögerung, eher klein sind, die sich weniger körperbetont und weniger wild geben als viele Gleichaltrige, lässt sich Schüchternheit besonders oft beobachten.

Soziale Unsicherheiten gehen meist von selbst zurück.

Ein solches Kind wird, zum Beispiel im Kindergarten, erst einmal kaum etwas sagen und sich in einer Gruppe eher passiv verhalten, das Geschehen beobachten, statt selbst aktiv zu werden. Es kennt ja die anderen noch nicht und kann sie noch nicht angemessen einschätzen. Erst wenn es spürt, dass ihm keine Gefahr droht, dass es so akzeptiert wird, wie es ist,

wenn es merkt, dass es niemand dazu drängt, sich am Spiel zu beteiligen, taut es langsam auf und traut sich nach einer gewissen Zeit, mitzumachen.
Das ist auch an der Mimik zu erkennen, die dann nicht mehr so verschlossen und ängstlich wirkt wie am Anfang. Das schüchterne Kind wendet sich in dieser Phase den Gleichaltrigen zu, vielleicht lacht es auch in einem lustigen Moment mit, selbst wenn es wahrscheinlich in den ersten Stunden und Tagen noch keine eigenen Spielvorschläge in die Gemeinschaft einbringt oder mit anderen Gruppenmitgliedern rangelt.

Schüchternes Verhalten akzeptieren

Etwas Ähnliches steht im Hintergrund, wenn ein eher unsicheres Kind Erwachsenen gegenüber zunächst reserviert erscheint, wenn es einen Verwandten oder einen Bekannten der Eltern weder freudestrahlend begrüßt noch sich angeregt mit ihm unterhält, sondern eher am Rand des Geschehens verweilt und die Situation beobachtet. Wird dieses Verhalten von Vater und Mutter akzeptiert, mag sich der Nachwuchs nach ein paar Stunden offener geben. Vielleicht spricht oder spielt er dann ganz selbstverständlich mit der Oma oder mit Papas altem Freund, möglicherweise geschieht das auch erst bei der nächsten oder übernächsten Begegnung.
Nur wenn die Erwachsenen den Kleinen dazu drängen, sich mit dem Besuch doch gefälligst zu unterhalten und dessen Fragen zu beantworten, wie es sich gehört, wird aus einer natürlichen Schüchternheit, die sonst mit der Zeit in der Regel von selbst verfliegen würde, ein Problem. Meistens ist den Eltern das »unhöfliche« Verhalten ihres Kindes vor den anderen peinlich, was sich auf Sohn oder Tochter überträgt. Denn der Sprössling macht die Erfahrung, nicht so sein zu dürfen,

wie ihm zumute ist. Verkrampfungen und ein schlechtes Gewissen sind hier häufig die Folge.

Wenn Mutter und Vater ihrem Kleinen hingegen immer wieder vermitteln, dass es ein prima Kind ist, auch wenn es sich zunächst oft schüchtern fühlt, wenn es jemand Neuem begegnet oder eine unbekannte Situation erlebt, scheint das ein guter Weg zu sein, dem Jüngeren dabei zu helfen, sich selbst akzeptieren zu können. Eben als relativ introvertierten, nach innen gekehrten Menschen, der nicht so viel »Action« braucht wie ein anderer, der sehr nach außen orientiert ist. Ein Kind, das sich im Wesentlichen so mag, wie es ist, läuft kaum Gefahr, dass aus einer unproblematischen Schüchternheit im weiteren Lebensverlauf soziale Ängste und Minderwertigkeitsgefühle entstehen.

Psychologische Untersuchungen haben außerdem ergeben, dass es fast allen Kindergartenkindern angenehm ist, wenn ein Neuer die Gruppe zunächst einmal beobachtet, ohne sofort aktiv zu werden. Auf diese Weise haben alle Beteiligten Zeit, sich aneinander zu gewöhnen und sich aufeinander einzustellen. Schüchternheit in den ersten Stunden oder Tagen wird also von kleinen Jungen und Mädchen im Allgemeinen akzeptiert.

Kindergartenkinder und die Flucht nach vorn

Ein Kind hingegen, das zu einer Flucht nach vorn neigt, hat es oft schwerer, im Kreis der Gleichaltrigen angenommen zu werden. Zum Beispiel, wenn ein neues Gruppenmitglied sofort damit beginnt, den anderen seine Spielideen aufzudrängen, oder wenn es bald eine Auseinandersetzung vom Zaun bricht. Dieses Verhalten gilt nicht nur bei Erwachsenen als unsensibel und selbstsüchtig, auch wenn kleine Menschen solche Begriffe noch nicht benutzen. Die Folge für den Betroffenen, meistens geht es hier um Jungen, ist nicht selten eine Außenseiterrolle: Der Neue wird zu jemandem, mit dem keiner spielen will, vor dem die anderen Angst haben und den sie für unsympathisch halten.

Wenn der Nachwuchs unter Aggressionen leidet

Wenn ein eher zurückhaltendes, entwicklungsverzögertes Kind immer wieder erlebt, dass seine Grenzen von einem Gleichaltrigen überschritten werden, und es deshalb Angst vor dem Besuch des Kindergartens hat, ist die Unterstützung der Eltern besonders wichtig. Das Gleiche gilt übrigens, wenn solche anhaltenden Streitigkeiten in der Schule stattfinden.

Mobbing bei Kindern und Erwachsenen

Bei Erwachsenen spricht man hier von Mobbing, das in extremen Fällen das Seelenleben des Betroffenen zerstören kann. In ähnlicher Weise leiden auch Kinder sehr darunter, wenn sie das Gefühl haben, immer wieder zur Zielscheibe eines Stärkeren – oder einer destruktiven Gruppe – zu werden.

Häufig hilft ein offenes Gespräch mit dem Sprössling, um herauszufinden, wovor er sich fürchtet. Mit dem Nachwuchs zusammen zu überlegen, wie er sich in der Auseinandersetzung mit dem aggressiven Kind besser behaupten kann, scheint oft sinnvoller zu sein, als ihm diese Angelegenheit sofort abzunehmen. Denn wenn dem Kleinen die Bewältigung dieser Aufgabe gelingt, stärkt das sein Selbstvertrauen und seine Fähigkeit, zwischenmenschliche Probleme zu lösen, schreibt das »PAG Institut für Psychologie« in einer Broschüre für Eltern. Andernfalls bleibt es nicht selten bei dem Eindruck, schwach und ohnmächtig zu sein und Schwierigkeiten nur durch die Unterstützung der Eltern überwinden zu können.

Konflikte gemeinsam bewältigen

Mobbing unter Kindern

Familienvater Ludwig Fitzhanns (63) erinnert sich an die Zeit Anfang der 70er Jahre, als sein älterer Sohn Steffen den Kindergarten besuchte. »Zunächst hat ihm das recht gut gefallen, das Spielen, das Singen und die anderen Kinder.« Doch dann sei ein anderer Junge in den Kindergarten gekommen, einen Kopf größer als Steffen und zwei Jahre älter, aus schwierigen sozialen Verhältnissen und sehr aggressiv. »Der Knirps stand, wie mein Sohn sagte, immer in einer Ecke herum und bedrohte die anderen Kinder mit einer Peitsche, die er sich aus einem Stock und einer Schnur gebastelt hatte«, meint Herr Fitzhanns. Steffen habe große Angst vor diesem Jungen gehabt, und nicht nur er.

Zunächst ermutigten Vater und Mutter ihr Kind, sich zur Wehr zu setzen. Das funktionierte jedoch nicht, weil der gewalttätige Junge ziemlich stark war und Steffen eher schwach und ängstlich. »Mein Sohn traute sich kaum noch, aufs Klo zu gehen, und einmal erzählte er ganz traurig, das aggressive Kind habe seine ausgeblasenen, selbst bemalten Ostereier kaputtgemacht«, berichtet Ludwig Fitzhanns.

Seine frühere Frau sprach damals mehrfach mit der Kindergärtnerin, die ihre Schützlinge einfach gewähren ließ. Vielleicht sei sie eine Anhängerin der damals populären antiautoritären Erziehung gewesen, möglicherweise war sie auch einfach nur wenig selbstbewusst und durchsetzungsschwach. Jedenfalls habe sich nichts geändert, die Kinder wurden weiterhin von dem Größeren terrorisiert. Auch eine Unterhaltung mit der Mutter des aggressiven Jungen erwies sich als fruchtlos. Alkohol, Gewalt und Überforderung haben dessen familiäres Umfeld bestimmt.

Schließlich sei Steffens Eltern nichts anderes übrig geblieben, als ihren Sohn aus dem Kindergarten herauszunehmen. Eine andere Einrichtung schien Vater und Mutter deutlich geeigneter zu sein. »Dort fühlte sich Steffen sehr wohl, und es kam auch nicht mehr zu solchen massiven Auseinandersetzungen«, sagt Herr Fitzhanns. Allerdings habe sein älterer Sohn mehrere Jahre später an einer weiterführenden Schule ziemliche Probleme gehabt, weil er sich nur schlecht behaupten konnte und deshalb einige Zeit in einer Außenseiterposition war.

Probleme mit aggressiven Gleichaltrigen lösen

Wenn ein kleiner Mensch wie im geschilderten Fall längere Zeit unter einem oder mehreren anderen Kindern leidet, ist es in jedem Fall sinnvoll, wenn sich die Eltern mit Kindergärtnerin oder Lehrerin in Verbindung setzen. Mobbing sollte bei Kindern ebenso wenig hingenommen werden wie bei Erwachsenen, und hier wäre die Unterstützung durch Familie und Erzieher besonders wichtig. Freilich scheitern manche Versuche, die unhaltbare Situation zu verändern, an dem einen oder anderen Beteiligten, so wie im vorigen Beispiel.

Sich mit allen Betroffenen absprechen

Wenn die Eltern außerdem, bevor sie ihren Sprössling, wie hier, Kindergarten oder Schule wechseln lassen, gemeinsam mit dem Nachwuchs darüber nachdenken, was das grenzüberschreitende Kind dazu veranlasst, sich in einer zerstörerischen Weise zu verhalten, gelingt es manchmal, von Gedanken wie »Der ist eben böse« oder »Der war schon immer so« wegzukommen. Vielleicht ist es den Eltern möglich, einen Grund für den Frust und die aufgestaute Wut des aggressiven Kindes ausfindig zu machen, etwa sein randständiger Status in der Gruppe oder familiäre Probleme. Möglicherweise lässt sich auch feststellen, was er mit seinen Aggressionen bewirkt, zum Beispiel dass ihm die Gleichaltrigen immer das geforderte Spielzeug geben, weil sie Angst vor ihm haben.

Wo kommen die Aggressionen her?

Das Kind sollte die Gelegenheit haben, Vater und Mutter zu erzählen, wie es versucht hat, mit der Bedrohung umzugehen. Der nächste Schritt wäre hier, gemeinsam mit dem Sprössling zu überlegen, was er tun könnte, um sich selbstbewusst abzugrenzen. Wenn die Eltern die verschiedenen Ideen aufschreiben, finden sich vielleicht einige darunter, die der Familie, vor allem natürlich dem Nachwuchs selbst, angemessen und praktikabel erscheinen.

Verschiedene Reaktionsmöglichkeiten ausprobieren

Das Ganze lässt sich dann in einem Rollenspiel ausprobieren, zum Beispiel indem die Mutter sagt: »Stell dir mal vor, ich wäre Simon, der dich ärgert, indem er dir dein Spielzeug wegnehmen möchte. Was würdest du ihm am liebsten sagen?« Wenn das Kind antwortet: »Ich will mich nicht von dir ärgern lassen, das ist mein Spielzeug«, könnte die Mutter darüber nachdenken, wie sie vermutlich als »Simon« auf diese Abgrenzung reagieren würde. Oft findet der Sprössling mit der Zeit ein effektives Mittel gegen das erlebte Bedrohungsgefühl, und die Angst geht nicht selten schon beim – gefahrlosen – Rollenspiel zurück.

Weniger hilfreich wäre es, Sohn oder Tochter dazu anzuhalten, sich mit dem aggressiven Kind zu prügeln. Häufig ist das Opfer von seelischer oder körperlicher Gewalt ängstlicher, kleiner und schwächer als der Täter, und der Versuch, sich mit Schlägen zu wehren, kann nach hinten losgehen und zu weiteren Schikanen führen. Selbstbewusst eine eindeutige verbale Grenze zu setzen, notfalls mehrfach, etwa mit dem Ausruf »Fass mich nicht an!«, führt in vielen solchen Fällen eher zum Erfolg, also dazu, dass der Kleinere in Zukunft in Ruhe gelassen und respektiert wird.

Wie sich Kinder selber trösten

Ängste aufgrund schwerwiegender Veränderungen

Viele Befürchtungen von kleineren Kindern haben jedoch nichts mit lang anhaltenden Auseinandersetzungen gegenüber aggressiven Gleichaltrigen zu tun. Von der Angst, von den eigenen Eltern getrennt zu sein, etwa zu Beginn des Kindergarten- oder des Schulalters, war bereits die Rede. Andere

Furchtreaktionen sind die Folge gravierender Veränderungen oder emotionaler Probleme in der Familie. Dazu kann ein Umzug in eine andere Stadt ebenso gehören wie die Geburt eines Geschwisterchens oder längere Auseinandersetzungen zwischen Vater und Mutter. Normalerweise können die Kleinen ihre Ängste nicht in Worte fassen, dafür machen sie sich zum Beispiel durch erneutes Einnässen oder Einkoten, durch häufige Traurigkeit oder wiederholte Wutanfälle bemerkbar.

Albträume und Angst im Dunkeln

Manche Befürchtungen von Kindern sind für die Erwachsenen weniger klar zu fassen. Viele davon haben mit der Dunkelheit zu tun. Das kann von Albträumen und Ängsten, vielleicht nicht mehr aufzuwachen, bis zu »Monstern unterm Bett« oder »Gespenstern im Kleiderschrank« gehen. Da kleine Jungen und Mädchen noch nicht eindeutig zwischen Phantasie und Wirklichkeit unterscheiden können, sind hier elterliche Hinweise in der Art von »Monster gibt's doch gar nicht« wenig hilfreich.

Bei einigen emotionalen Spätzündern beschränken sich die entsprechenden Ängste nicht auf das Kleinkind- und das frühe Kindergartenalter. In manchen Fällen werden Unsicherheit und die verschiedensten Befürchtungen auch noch in späteren Jahren deutlich, abhängig vom seelischen Entwicklungsstand.

Um sich selbst aufzubauen, greifen viele furchtsame Jungen und Mädchen auf Verhaltensweisen aus Zeiten zurück, in denen sie noch jünger waren. Vielleicht lutschen sie wieder am Daumen, möglicherweise schleppen sie auch eine geliebte Puppe, ein Stofftier oder eine Schmusedecke herum. Andere verhalten sich in einer Weise, die man bei Erwachsenen »zwanghaft« nennen würde, indem sie zum Beispiel nur dann gut schlafen können, wenn ihre Kuscheltiere in einer festen, unumstößlichen Reihenfolge um das Kopfkissen herum aufgestellt werden. Oder sie phantasieren einen »unsichtbaren Freund« herbei, von dem sie sich in schwierigen Situationen gestärkt fühlen. So etwas lässt sich übrigens bei den verschiedensten Gelegenheiten beobachten, bei denen sich kleine Menschen stark gefordert und mitunter überfordert fühlen.

Stärke durch sichtbare und unsichtbare Freunde

Johannes und sein starker Tiger

Johannes Stolzberg, heute ein 14-jähriger Teenager, kann aufgrund einer spastischen Behinderung nur mit Stützen laufen, wenn er nicht in einem Rollstuhl sitzt. Seine ersten acht Lebensjahre verbrachte der Junge hauptsächlich krabbelnd auf dem Boden, bis seine Beinstellung operativ korrigiert wurde. Die Erfahrung, relativ hilflos zu sein und andere Menschen nur von unten betrachten zu können, löste massive Ängste aus, die noch längere Zeit nachwirkten. Zum Beispiel befürchtete das Kind, von »bösen Verbrechern« entführt oder von seinen Bezugspersonen vergessen und im Stich gelassen zu werden.

Als Johannes neun Jahre alt war, entdeckte er etwas, das ihm dabei half, mit seinen Befürchtungen besser zurechtzukommen: die Unterstützung durch einen unsichtbaren Freund in Tigergestalt. Ohnehin sind Tiger Johannes' Lieblingstiere. Sie symbolisieren für den Jungen Stärke, Mut und Gefährlichsein, und im Gegensatz zu ihm können sie nicht nur selbstständig laufen, sondern sich sogar anschleichen und im nächsten Moment losspringen. Alle anderen Tiere – und die allermeisten Menschen – respektieren das gestreifte Raubtier.

So lag es für Johannes auf der Hand, sich durch einen solchen Tiger stärken zu lassen, den außer ihm niemand wahrzunehmen vermochte. Wenn der Junge Angst hatte vor einer Schulprüfung, wenn er sich mit einem anderen Kind oder mit den »Entführern« in seiner Phantasie auseinander setzen musste, stand ihm eine schöne, starke und mächtige

Raubkatze zur Seite. Sollten sich die Verbrecher, die möglicherweise um Johannes' Elternhaus herumschlichen, ruhig trauen, ihn einfach mitzunehmen – sein Tiger, vor dem sich nur Johannes selbst nicht zu fürchten brauchte, würde sie sofort in die Schranken weisen. Und was war die Angst vor einer Mathearbeit im Vergleich zu dem Schrecken, den ein wildes Tier in der zweiten Klasse anrichten konnte!
Der Junge unterhielt sich in schwierigen Situationen mit seinem gefährlichen Freund, der ihn jedes Mal tröstete, wenn es nötig war, und ihm Kraft gab, alle inneren Befürchtungen auszuhalten und sich mutig mit den Herausforderungen auseinander zu setzen, die gerade anstanden. Auf seinem Kinderbett thronten inzwischen unzählige Kuscheltiger in allen möglichen Größen, und ein kleines gestreiftes Tier hing an einem Schlüsselanhänger, den Johannes an seiner Schultasche befestigt hatte, nur so, für alle Fälle.
Wenn der körperlich behinderte Junge den Zoo in seiner Großstadt besuchte, ging es selbstverständlich zuerst zum Raubkatzengehege, wo Johannes den echten Tiger mit einem selbst getexteten Loblied erfreute. Das riesenhafte Tier blickte ihm dabei überrascht, doch durchaus interessiert in die Augen.
Heute, vier bis fünf Jahre nach dieser Zeit, ist aus dem eher ängstlichen Kind ein mutiger Jugendlicher geworden, der sich für sich selbst, aber auch für andere Menschen einsetzt. Wenn er einmal vor etwas Angst hat, kann der Junge mit seiner Familie und seinen Freunden darüber sprechen. Entführer oder die Befürchtung, verlassen zu werden, spielen für ihn keine große Rolle mehr. Der Tiger, ursprünglich ein Schutz vor Bedrohungen, ist anscheinend zu einem Teil von Johannes' Persönlichkeit geworden.

Kleine Trostspender

Unsichtbare Freunde, Schmusedecke, Puppen oder Kuscheltiere bringen eine gewisse Ordnung, etwas Überschaubares in die mitunter chaotische Alltagswelt, und sie spenden Trost in problematischen Situationen. Das gilt besonders für emotional entwicklungsverzögerte Jungen und Mädchen, aber auch für andere kleine Menschen, die ihr Leben zu bestimmten Zeiten als unsicher und bedrohlich empfinden.

Psychoanalytiker sprechen hier von »Übergangsobjekten«. Was bedeutet das? Jedes jüngere und manches ältere Kind ängstigt sich zunächst, wenn es ein paar Stunden ohne Mama und Papa verbringen muss. Auf dem Weg hin zu einer größeren Selbstständigkeit hilft dann zum Beispiel die Puppe dabei, sich nicht so verlassen vorzukommen, fast so, als wären die vertrauten Bezugspersonen in der Nähe. Die Puppe, das Stofftier, der Daumen oder der unsichtbare Freund stellen also eine Art von Übergang dar zwischen den sicherheitsspendenden Eltern und dem Selbstständigwerden.

Nicht abwerten, wenn sich Kinder selber helfen

Von daher tun Väter und Mütter gut daran, ihrem Nachwuchs diese Stützen weder zu verbieten noch sie ins Lächerliche zu ziehen, etwa durch Aussagen wie »Dass du in deinem Alter noch am Daumen nuckelst... du bist doch kein Baby mehr«. Im Hintergrund solcher Abwertungen steht meistens der Umstand, dass den Eltern das »kindische« Gebaren ihrer Sprösslinge peinlich ist.

Vergleichbare Kommentare wirken sich zweifellos negativ auf das Seelenleben eines Kindes aus, denn sie setzen es herab, sie führen zu Schamgefühlen und einem schlechten Gewissen. So als würde jemand einem älteren Menschen, der gerne wandert und zur Sicherheit einen Stock benutzt, diese Gehhilfe wegtreten und ihm verdeutlichen, dass er eigentlich sehr gut allein laufen kann und dass nur Tattergreise Krücken brauchen.

Eigentlich ist es doch eine bewundernswerte Leistung, wenn es Jungen und Mädchen durch solche Übergangsobjekte gelingt, sich in Krisensituationen selber Trost zu spenden, ohne den andauernden Zuspruch der Eltern zu benötigen. Die allermeisten Kinder werden im Lauf ihrer Entwicklung ganz von selbst damit aufhören, am Daumen zu lutschen oder sich mit ihrem unsichtbaren Freund zu unterhalten.

Und auch viele »Große« stabilisieren sich in einer ähnlichen Weise. Sicherlich eher selten durch Schmusedecke oder Puppe, eben auf einem erwachsenen Niveau. Zum Beispiel wenn jemand einen Talisman bei sich trägt, sein Lieblingsbuch auf dem Nachtkästchen liegen hat oder durch den Ehering am Finger und das Foto in der Brieftasche an seinen geliebten Partner erinnert wird.

Hilfe beim Überwinden kindlicher Ängste

Es gibt allerdings auch einige Situationen, in denen Kinder die Unterstützung ihrer Eltern benötigen, um mit ihren Befürchtungen fertig zu werden. Das gilt nicht nur für emotional entwicklungsverzögerte Jungen und Mädchen, allerdings kommt es bei ihnen besonders häufig zu solchen Problemen, nicht nur im Kleinkindalter.

Verlassenheitsängste, Umstellungsschwierigkeiten und Probleme mit aggressiven Gleichaltrigen wurden bereits kurz dargestellt. Wenn das, was Kinder selbst unternehmen können, um sich zu trösten und Sicherheit zurückzugewinnen, offensichtlich nicht ausreicht, wenn sie längere Zeit traurig, deprimiert, wütend oder verzweifelt wirken oder sich die Probleme mit den eigenen Gefühlen nachts immer wieder durch Albträume, Einnässen oder Einkoten ausdrücken, ist die Hilfe der Erwachsenen gefragt.

Wann brauchen kleine Kinder die Hilfe ihrer Eltern?

Statt als Elternteil stundenlang darüber nachzudenken, was denn den Sprössling so belastet, empfiehlt es sich eher, nachzufragen. Allerdings können viele kleine Menschen ihre Befürchtungen kaum in Worte fassen, entweder weil sich das Angsterleben auf einer nichtsprachlichen Ebene ausdrückt und damit dem verbalen Bereich nicht zugänglich ist, oder weil sich das Kind nicht traut, von seinen bedrückenden Phantasien zu berichten. Realität und inneres Erleben sind manchmal noch nicht klar voneinander getrennt, und vielleicht fällt ja das Monster unter dem Bett im Schlaf über einen her, wenn man einem Erwachsenen davon erzählt.

Hoffnungen und Ängste nichtsprachlich ausdrücken

Eine sinnvolle Alternative wäre hier, dem Nachwuchs andere, nonverbale Möglichkeiten einzuräumen, seine Ängste auszudrücken. Hierfür ist alles geeignet, womit ein Kind symbolische Vorgänge darstellen kann, von Puppen, Kuscheltieren oder Kasperlefiguren über Knete und Ton bis zu Fingerfarben und Malstiften, je nachdem, was dem Kleinen Spaß macht. Gerade das Malen scheint häufig besonders effektiv zu sein, wenn es darum geht, Befürchtungen und Hoffnungen zu Papier zu bringen.

Die Erwachsenen sollten ihren Sprössling keinesfalls dazu drängen, sich mit seinen Ängsten auseinander zu setzen. Manches braucht auch hier seine Zeit, und vielleicht wird das Kind ein paar Tage später von sich aus auf den Vorschlag seiner Eltern zurückkommen oder ihnen ein Bild zeigen, in dem es sich traut, etwas von sich preiszugeben.

Es geht weniger darum, dass die Erwachsenen, wenn sie sich mit Gemälde, Puppenspiel oder Knetfigur beschäftigen, sofort eine Interpretation anbieten und auf die vermutete Befindlichkeit des kleinen Künstlers eingehen. Sinnvoller wäre es, das Ergebnis auf sich wirken zu lassen, eigene Gefühle zu äußern oder einfühlsam nachzufragen. Etwa durch Sätze wie

»Und wie geht es dem kleinen roten Fleck, wenn so viele schwarze Kleckse um ihn herum sind?«
Auf dieser Ebene sind viele kleinere und größere Kinder eher dazu in der Lage, ihre Empfindungen in Worte zu fassen. Die Eltern können sich auch an einer passenden Stelle erkundigen, was denn, um beim Beispiel zu bleiben, der kleine rote Fleck tun könne, um sich nicht mehr so sehr vor den schwarzen Klecksen zu fürchten. Häufig hat der Nachwuchs, solange es spielerisch bleibt, durchaus ein paar gute Ideen, was ihm helfen würde. Möglicherweise kommt dann eine Antwort wie »Wenn der rote Fleck nachts die Kinderzimmertür ein bisschen offen lässt, haben die schwarzen Kleckse Angst, weil es so hell ist«. Oder der Sprössling macht den Vorschlag, ein fröhliches, buntes Bild vor den Schrank zu hängen, um die schwarzen Kleckse zu vertreiben.

Das Kind nach einer Lösung fragen

Manchmal erfahren die Erwachsenen auf diesem Weg auch, dass ihr Kind befürchtet, allein gelassen zu werden, weil Papa und Mama so oft miteinander streiten. Bei solchen Ängsten mit einem realen Hintergrund ist es besonders wichtig, dass der Nachwuchs bei den selbst gewählten Symbolen bleiben darf. Wenn er sich gezwungen sieht, seine Befürchtungen auf direktem Weg auszudrücken, besteht in der Phantasie oft die Gefahr, die Liebe der Eltern zu verlieren.

Rollenspiele zur Angstbewältigung

Ein anderes bewährtes Mittel für kleine Menschen, sich konstruktiv mit den eigenen Ängsten und Sehnsüchten zu beschäftigen, ist das Rollenspiel. Auch hier sollten die Erwachsenen ihrem Sprössling nichts aufdrängen, sondern eher auf eine spielerische Weise ausprobieren, ob er Spaß daran

In verschiedene Rollen schlüpfen

haben könnte, sich in verschiedene Rollen hineinzuversetzen. Sinnvoll wäre es in jedem Fall, wenn Vater und Mutter auf die Ideen ihres Kindes eingehen, statt eine Vielzahl eigener Vorschläge zu machen.

Solche Spiele lassen sich zum Beispiel mit Handpuppen, Stofftieren oder Plastikmännchen gestalten. Manche Jungen und Mädchen, die schon im Grundschulalter sind, haben auch Freude daran, jemanden direkt darzustellen, ohne eine Symbolfigur zu verwenden. Wenn der Nachwuchs seine Angstphantasien spielerisch ausdrückt, verarbeitet er sie gleichzeitig ein Stück weit, denn er merkt, dass er sie im Freiraum seiner Vorstellungskraft ganz gefahrlos ausleben kann. Außerdem bietet sich vielleicht im rechten Moment die Gelegenheit an, aus der Opferrolle in die Rolle des »Täters« zu schlüpfen, also in die Figur, die den Sprössling bisher erschreckt hat. Auch das ist oft ein guter Weg, die eigenen Befürchtungen zu verarbeiten.

In der Phantasie kann nichts Schlimmes geschehen.

Eine wichtige Voraussetzung für Eltern, die sich in dieser Weise mit ihrem Nachwuchs beschäftigen, ist hier die Fähigkeit, sich mit den Hoffnungen, aber auch mit den Ängsten von Sohn oder Tochter auseinander zu setzen, ohne sich davor zu fürchten. Schließlich werden Rollenspiele in der Phantasie aufgeführt, in der nichts wirklich Schlimmes geschieht. Falls ein solches Spiel einmal an die Grenzen des Erwachsenen gehen sollte, kann er das dem Kind jedoch durchaus deutlich machen.

Johannes auf Angstjagd

Vor vier bis fünf Jahren litt der körperlich behinderte Johannes, heute 14, unter starken Angstzuständen, die eine Folge des Umstands waren, dass er nur mit Gehhilfen laufen kann. Neben seinem unsichtbaren Freund, dem Tiger, halfen ihm etliche Rollenspiele dabei, Befürchtungen zu bewältigen und innere Sehnsüchte auszudrücken. Kuscheltiere oder Plastikfiguren brauchte er nicht, die Gegenwart eines vertrauten Erwachsenen genügte.

In den ersten Monaten wollte Johannes am liebsten ein Feuerwehrmann sein, also jemand, der laufen und klettern kann, der die Gefahr liebt, um anderen Menschen das Leben zu retten. Damals hoffte der Junge, sich irgendwann ohne Stützen fortzubewegen, so wie andere Kinder auch.

Es folgten Spiele, in denen sich Johannes immer wieder von einem Verbrecher, gespielt von dem Erwachsenen, entführen ließ, etwas, wovor er lange Zeit große Angst hatte. Meistens war er zu Anfang in der Rolle eines hilflosen, behinderten Jungen. Seine jüngere Schwester Franziska bezog er in diese Spiele mit ein, und die beiden Kinder entwickelten eine Menge Phantasie, wenn es am Schluss darum ging, den Verbrecher zu fangen oder ihm geschickt zu entkommen.

In den folgenden Monaten beschäftigte sich Johannes mit der tief sitzenden Befürchtung, man würde ihn allein lassen und ihm stoße dabei etwas Schreckliches zu. Im Rollenspiel wollte er immer wieder ein Junge sein, der plötzlich furchtbar krank ist und im letzten Moment von den Sanitätern in einem Krankenwagen gerettet wird. Die bedrohliche Vorstellung, seine wichtigsten Bezugspersonen könnten sterben, war ebenfalls ein Thema dieser Inszenierungen. Johannes hätte auch gerne die Phantasie durchgespielt, selbst zu sterben, ohne jede Möglichkeit einer Rettung, doch das ging seinem erwachsenen Mitspieler zu weit. Als der damals Neunjährige erfuhr, sein älterer Freund würde ein solches Spiel nicht aushalten, konnte er diese Grenze akzeptieren.

Im Lauf der Jahre gingen Johannes' Befürchtungen zurück, und er war zunehmend besser dazu in der Lage, sich als behindertes Kind anzunehmen und eine Menge glücklicher Momente zu erleben, auch wenn er später einmal wahrscheinlich nicht den Beruf des Feuerwehrmannes oder des Verbrecherjägers ergreifen wird. Sich in der Phantasie als Superheld zu fühlen und die eigenen Ängste durchzustehen, genügte ihm anscheinend, um ein gutes Verhältnis zu sich aufzubauen.

Entwicklungsverzögerte Kinder im Grundschulalter

Umstellungsschwierigkeiten

Wenn ein Kind in die Schule kommt, dauert es häufig eine Weile, bis es sich auf die veränderten Lebensumstände eingestellt hat, vergleichbar mit dem Eintritt in den Kindergarten. Es muss sich an viele Gleichaltrige gewöhnen, die ihm zunächst fremd sind, zudem an einen neuen Ort und an die Tatsache, dass ihm zum ersten Mal intellektuelle Leistungen abverlangt werden. Das gilt nicht nur für entwicklungsverzögerte Jungen und Mädchen, allerdings fällt es Spätzündern oft schwerer, mit den Herausforderungen der Grundschulzeit zurechtzukommen.

Misserfolgserlebnisse

Während sich viele Kinder, die geistig eher langsam heranreifen, nach der Umstellung auf die Kindergartenzeit genauso wohl fühlen wie Gleichaltrige, deren Entwicklung schneller verläuft, ändert sich das in manchen Fällen, wenn in der Schule die ersten Leistungsvergleiche angeregt werden und der Betroffene den Eindruck hat, nicht so gut abzuschneiden wie die meisten in seiner Klasse.

Oft waren die Eltern eines Spätzünders, der langsamer lernt als viele Gleichaltrige, zufrieden, solange sie bei ihrem Sprössling kleine Fortschritte wahrnehmen konnten. Im Kindergartenalter durfte der Nachwuchs sein eigenes Entwicklungstempo verfolgen, seine spielerischen Leistungen wurden ebenso anerkannt wie seine individuelle Persönlichkeit. Sobald sich jedoch der spielerische Zugang zur Welt in der Grundschule Schritt für Schritt in Richtung Lernanforderungen verändert, häufig im Lauf der ersten und zweiten Klasse, wird den Erwachsenen bewusst, dass ihr Kind nicht in allen Bereichen so gut mitkommt wie viele Gleichaltrige. Es erlebt wiederholte Enttäuschungen, die sich unter anderem auf die Noten, auf den sozialen Umgang mit den Mitschülern oder auf motorische Defizite im Sportunterricht beziehen können. Manchmal beginnen die Eltern in dieser Zeit, ihren Sprössling zu überfordern, was dessen Gefühl, zu versagen, noch verstärkt.

Liebe ohne Bedingungen

Bei Lernproblemen wäre es wesentlich sinnvoller, Sohn oder Tochter immer wieder zu vermitteln, dass sie geliebt werden, ganz unabhängig davon, was sie in einem bestimmten Moment zu leisten imstande sind. Auch viele schulische Schwierigkeiten gleichen sich mit der Zeit mehr oder weniger vollständig aus, wenn es dem Nachwuchs gelingt, sich so zu akzeptieren, wie er ist, mit seinen Stärken und Schwächen. Außerdem empfiehlt es sich, festzustellen, womit die aktuellen Probleme zusammenhängen könnten, im Dialog mit dem Nachwuchs und im Gespräch mit den Lehrern. Auf diese Weise lässt sich vielleicht ein Weg finden, das Kind in einer angemessenen Weise zu unterstützen.

Langsames Lerntempo akzeptieren

Eine Mutter mit einem entwicklungsverzögerten Kind im Grundschulalter rät anderen Betroffenen im Internet, ihren Sprössling anzunehmen, wie er eben ist, dessen Lerntempo zu akzeptieren, auch wenn es im Vergleich zu manchen Mitschülern verlangsamt erscheint, seine Leistungen anzuerkennen, ihn Kind sein zu lassen, dabei wahrzunehmen, ob er glücklich und zufrieden ist, und nicht zuletzt offen zu sein für sinnvolle Veränderungen (Homepage der Selbsthilfevereinigung »Lernen fördern«, www.lernen-foerdern-bw.de/pdf/teil.pdf).

Mögliche Gründe für schulische Schwierigkeiten

- Mentaler Rückstand gegenüber den meisten Gleichaltrigen, entweder allgemein oder in Teilbereichen (wie Lese-Rechtschreib-Störung oder Rechenstörung);
- Emotional verlangsamte Entwicklung, bei der es manchmal erst spät gelingt, vom spielerischen Umgang mit der Welt zum (abstrakteren) Lernen überzugehen;
- Außenseiterposition im Kreis der Gleichaltrigen oder »schwarzes Schaf« des Lehrers;
- Konzentrationsschwierigkeiten, leichte Ablenkbarkeit, mitunter im Rahmen von Hyperaktivität (siehe auch Seite 84f.);
- Geringe Motivation und fehlendes Interesse am Lernstoff, etwa wenn der Bezug zur Lebensrealität des Kindes fehlt oder Verständnisprobleme im Hintergrund stehen (zum Beispiel bei mangelnden Sprachkenntnissen von Schülern ausländischer Herkunft);
- Familiäre und andere außerschulische Schwierigkeiten senken Motivation und Aufmerksamkeitsspanne (oft auch zu beobachten bei »Störern« und »Klassenclowns«);
- Mangelnde Unterstützung der Eltern (etwa bei den Hausaufgaben); Gefühl eines Kindes, es werde allein gelassen (zum Beispiel indem es die Erwachsenen mit PC und TV »ruhig stellen«), oder man nehme ihm alles ab;
- Selbstwertprobleme, Prüfungs- oder andere Versagensängste verringern Lust und Kraft, sich mit dem Unterricht zu beschäftigen.

Schulprobleme bewältigen

Vom Hintergrund der aktuellen Schwierigkeiten hängt ab, welche Hilfsmaßnahmen empfehlenswert sind. Falls sich zum Beispiel seelische Probleme negativ auf die schulischen Leistungen eines Kindes auswirken, helfen Unterstützung bei den Hausaufgaben, Fördergruppen oder Nachhilfeangebote nur wenig. Hier sollten die Eltern eher zusammen mit dem Nachwuchs überlegen, wie sich seine subjektiven Belastungen verringern lassen, ob in der Familie oder im Klassenzimmer, um vielleicht einen Weg zu finden, wie das Kind ein besseres Verhältnis zu sich und zu seiner Umwelt aufbauen kann. Das Gleiche gilt bei sozialen Schwierigkeiten im Umgang mit Gleichaltrigen oder mit dem Lehrer, nur dass es hier zusätzlich nötig wäre, sich mit den Lehrkräften auszutauschen, gegebenenfalls auch kritisch.

Schulprobleme und seelische Belastungen

Es empfiehlt sich, Probleme mit schulischen Anforderungen, die sich in schlechten Noten oder anderen Überforderungssignalen äußern, genau zu untersuchen: Geht es um Motivations- oder Aufmerksamkeitsdefizite, hat das Kind eine so genannte Teilleistungsschwäche wie Lese-Rechtschreib-Störung (LRS, früher Legasthenie genannt) oder Rechenstörung; wirkt es allgemein jünger, als es ist, und scheint deshalb der Schule kaum gewachsen zu sein?

Mögliche Hintergründe von schulischen Schwierigkeiten

Falls die Eltern nicht sicher sagen können, was ihrem Sprössling konkret Schwierigkeiten macht, hilft möglicherweise, neben dem Gespräch mit dem Nachwuchs und mit seinen Lehrern, auch ein Termin beim Schulpsychologen, einem Facharzt für Kinder- und Jugendpsychiatrie oder einem Kinder-Psychotherapeuten.

Bei Lese-Rechtschreib- oder Rechenproblemen gibt es spe-

Lese-Rechtschreib-Störung und Rechenstörung

zielle Förderkurse, die von vielen Schulen angeboten werden. Vor allem wenn die betroffenen Jungen und Mädchen keine anderen Einschränkungen erleben als in diesem Teilbereich, kann sich eine solche Maßnahme als sehr effektiv erweisen. Schwierigkeiten mit der Aufmerksamkeit, also damit, sich längere Zeit auf eine Aufgabe zu konzentrieren, lassen sich oft durch regelmäßige Pausen beim Lernen, durch Möglichkeiten, sich zwischendrin auszutoben, und durch schöne Erlebnisse nach den geistigen Anstrengungen verringern. Falls das Kind beim Lernen oder bei den Hausaufgaben abgelenkt zu sein scheint, erweist es sich mitunter als sinnvoll, nachzufragen, was ihm gerade durch den Kopf geht, und sich kurz mit diesem Thema zu beschäftigen, um sich anschließend wieder, mit neuer Konzentration, dem Schulstoff zuzuwenden.

Hyperaktive Kinder

Auch bei Jungen und Mädchen, die unter dem so genannten Aufmerksamkeits-Defizit- und Hyperaktivitäts-Syndrom (ADHS) leiden, also als hyperaktiv gelten, einen extrem starken Bewegungsdrang haben, dabei relativ ungeschickt sind und ihre Konzentration nur kurze Zeit auf einen Gegenstand richten können, sind regelmäßige Pausen, in denen das Kind herumrennen kann, Belohnungen nach dem Lernen und eine schrittweise Erhöhung der Aufmerksamkeitsspanne das Mittel der Wahl. Einige Grundschulen bieten einen speziellen Förderunterricht für Hyperaktive an, der die Betroffenen zusätzlich unterstützen kann. Nur in wenigen Fällen ist es nötig, dass der Kinderarzt zusätzlich ein Medikament verordnet, um eine Grundlage für eine bessere Konzentrations- und Kommunikationsfähigkeit herzustellen.

Überdies empfiehlt sich in der Familie eine feste Tagesstruktur mit vorhersehbaren Abläufen, die dem Nachwuchs Sicherheit vermitteln. Entspannungsübungen, Vorlesestunden oder andere Situationen, bei denen der Sprössling Spaß daran hat, seine Aufmerksamkeit auf etwas Ruhiges zu richten, und sei es zunächst nur für ein paar Minuten, tragen häufig ebenfalls dazu bei, dass ein hyperaktives Kind seinen Entwicklungsrückstand, bezogen auf die Anforderungen der ersten Schuljahre, langsam aufholen kann.

Allerdings ist der Umgang mit jemandem, der fast immer sehr unruhig ist und mit seiner ungestümen Art ungewollt Grenzen verletzt, ziemlich schwierig. Wenn es den Eltern trotz allem gelingt, sich im Umgang mit ihrem übermäßig aktiven Nachwuchs nicht dauerhaft aus dem inneren Gleichgewicht bringen zu lassen, haben sie eine enorme Herausforderung bewältigt.

Motivation wecken

Manchmal geht es auch darum, beim Kind eine Motivation zu wecken, sich mit dem zu beschäftigen, was gerade in der Klasse vermittelt wird. Hier empfiehlt es sich für die Erwachsenen, an das anzuknüpfen, was den Sprössling ohnehin interessiert, und einen möglichst spielerischen, konkreten Zugang zu Wissen und Fähigkeiten herzustellen.

Die Zahlen im Spielzeugauto

In der ersten und zweiten Klasse hatte Johannes, heute 14, der wegen einer körperlichen Behinderung nicht ohne Hilfsmittel laufen kann, Schwierigkeiten mit Addition und Subtraktion. Vor allem die etwas höheren Ziffern waren für ihn zunächst nur Worte, die nichts mit einer bestimmten Menge zu tun hatten.

Da Johannes Rollenspiele toll findet, bot es sich an, über solche Spiele auch seinen Umgang mit Zahlen zu fördern. Es machte dem Jungen

Spaß, mit verschiedenen Früchten und Bonbons im Kinderzimmer Ausflüge zu veranstalten, die in einem seiner vielen Spielzeugautos stattfanden.
Weil bei diesen Ausflügen, die Johannes sehr phantasievoll gestaltete, Obst-Familienmitglieder unerwartet verschwanden und andere hinzukamen, hatte das Kind immer wieder Gelegenheit, bestimmte Mengen, in diesem Fall die von Obststücken und Bonbons, zusammenzählen und voneinander abzuziehen. Er konnte sich gut auf solche Spiele konzentrieren, was ihm in anderen Bereichen schwerer fiel. Denn der Ablauf interessierte ihn, und er konnte durch Anschauen, Anfassen und Aufessen feststellen, dass jede Menge mit einem bestimmten Zahlenwert verknüpft ist. Heute, im Teenageralter, scheint Mathematik noch immer nicht Johannes' große Stärke zu sein, aber im Allgemeinen geht er die Herausforderungen beim Rechnen mutig an.

Schulreife und Rückstellung von der Einschulung

Falls ein Spätzünder zu dem Zeitpunkt, an dem er die erste Klasse besuchen soll, von seinem sozialen, emotionalen oder intellektuellen Entwicklungstand her nicht wie ein Sechsjähriger wirkt, sondern wie ein deutlich jüngeres Kind, gibt es in unserem Schulsystem die Möglichkeit einer Rückstellung vom Unterrichtsbeginn für ein Jahr.

Schulpflicht, vorzeitige Einschulung und Rückstellung

In vielen Bundesländern besteht Schulpflicht für jeden, der in der ersten Jahreshälfte sechs wird. Ein Kind darf vorzeitig eingeschult werden, wenn es im zweiten Halbjahr seinen sechsten Geburtstag feiert. Bei allen Jungen und Mädchen, die nach dem Monat August sechs Jahre alt werden, überprüfen in den meisten Ländern Experten wie Schularzt oder Schulpsychologe, ob das betroffene Kind weit genug entwickelt ist, um in die erste Klasse zu kommen. Hier verwendet man unter anderem altersentsprechende Tests, die Untersuchungen zur

Ermittlung des Intelligenzquotienten ähneln, und Verfahren, die den Grad der sozialen und emotionalen Reife messen sollen. Manchmal kommen Beobachtungen und Gespräche im Kindergarten hinzu, wobei Mutter und Vater das letzte Wort haben und entscheiden, ob ihr Sprössling vom Schuleintritt zurückgestellt wird. Selbstverständlich können Eltern dort auch unabhängig vom Geburtszeitpunkt ihren Nachwuchs untersuchen lassen, falls sie Zweifel haben, ob er den Anforderungen des Unterrichts gewachsen sein wird.

Die Eltern haben das letzte Wort.

Neben einer Rückstellung von der Schulpflicht gibt es vielerorts auch Integrationsklassen an normalen Grundschulen, wo lern- und körperbehinderte Kinder mit Nichtbehinderten zusammen sind und zusätzlich individuell gefördert werden. Eine weitere Möglichkeit, die sich bei dauerhaft eingeschränkten Jungen und Mädchen anbietet, allerdings auch in jedem Fall eine Menge Untersuchungen und Beratungsgespräche erfordert, ist der Unterricht an einer Schule für Lernbehinderte. Bei Kindern, die sich langsam entwickeln, genügt es oft, den Beginn der ersten Klasse an einer regulären Grundschule um ein Jahr zu verschieben.

Falls einiges darauf hindeutet, dass die Vermutung, der Nachwuchs sei noch nicht schulreif, zutrifft, sollten sich die Erwachsenen etwas Zeit nehmen, um zu überlegen, ob es tatsächlich sinnvoll wäre, den Sprössling ein Jahr später einschulen zu lassen. Bis zum Jahresende nach dem Beginn der ersten Klasse ist es übrigens in den meisten Fällen möglich, den Kleinen aus dem Unterricht herausnehmen und wieder in den Kindergarten gehen zu lassen.

Für eine solche Maßnahme bei einer fortbestehenden sozialen, emotionalen oder mentalen Entwicklungsverzögerung

Vorteile einer Rückstellung vom Unterricht

spräche die Tatsache, dass der betroffene Nachwuchs höchstwahrscheinlich nicht überfordert wird, wenn er noch einmal den Kindergarten besucht. Viele Probleme könnten sich in diesem Jahr tatsächlich ausgleichen, vor allem wenn Sohn oder Tochter zu den Spätzündern gehören, die eben ein wenig mehr Zeit brauchen, um heranzureifen, allgemein oder in bestimmten Bereichen.

Gegen eine Rückstellung spräche eventuell, dass das Kind dann ein Jahr später eingeschult wird als die allermeisten Gleichaltrigen, wozu auch seine Freunde gehören können. Es wird also häufig, wenn es schließlich in die erste Klasse kommt, zunächst weniger soziale Anknüpfungspunkte haben. Möglicherweise fühlt es sich unterfordert, wenn es ein Jahr lang im Wesentlichen spielen, singen und basteln soll. Eltern, die ihren Sprössling über einen längeren Zeitraum in verschiedenen Lebensbereichen beobachten konnten, die sich möglicherweise mit persönlichen Vertrauten oder mit professionellen Helfern ausgetauscht haben, werden solche Überlegungen miteinander abwägen und sich dann in die eine oder andere Richtung entscheiden, wobei das Wohlergehen des betroffenen Kindes die wichtigste Grundlage ist.

Aggressionen im Kindergarten- und Grundschulalter

Manche Spätentwickler reagieren mit Wut auf Situationen, die sie als bedrohlich oder verunsichernd erleben. In einigen Fällen lässt sich dies bereits im Kindergartenalter beobachten, häufig tritt aggressives Verhalten jedoch erst in der Grundschulzeit und in den Jahren danach auf.

Vielen Jungen und Mädchen, die oft zornig sind – in der Mehrzahl betrifft dies den männlichen Nachwuchs –, fällt es leichter, wütend zu sein und die Grenzen anderer Menschen zu überschreiten, als sich traurig, verletzlich und ängstlich zu fühlen. Die Aggression wird also zu einer Flucht nach vorn. Auch manche Erwachsene kennen Situationen, in denen ihnen eigentlich elend zumute ist, in denen ein Wutanfall jedoch dazu führt, die eigene Verzweiflung weniger intensiv zu spüren, da sie sich in diesen Fällen nach außen richtet. Etwa gegen den abstürzenden Computer, den blöden Chef, die mobbenden Mitarbeiter oder die dämliche Flughafenangestellte, die sich einfach weigert, den 25 Kilogramm schweren Koffer wie gewünscht als Handgepäck zu deklarieren. Kinder, die vor einem ähnlichen Hintergrund zu Aggressionen und anderen destruktiven Handlungsweisen neigen, suchen also ein Ventil für Frustrationen, die sich häufig über längere Zeit aufgestaut haben.

Lieber wütend als traurig und verletzlich

Hintergründe von Aggressionen bei Kindern

Dazu können andauernde Streitigkeiten und Eifersüchteleien zwischen Geschwistern ebenso gehören wie eine unsichere Bindung an Mutter, Vater oder beide Eltern. Auch wenn sich ein kleiner Mensch im Kindergarten oder in der Schule als Außenseiter vorkommt, wenn er den Eindruck hat, von den Gleichaltrigen wenig beachtet oder fertig gemacht zu werden, wenn er im Unterricht kaum mitkommt und das Gefühl hat, immer wieder zu versagen, kann sich die Unzufriedenheit durch Aggressionen äußern. In solchen Fällen hat der Zorn eine ähnliche Bedeutung wie längeres Traurig- oder Verzweifeltsein bei Kindern, die ihre Wut nach innen richten und in einer stilleren Weise leiden. »Wenn es mir schon schlecht geht, soll es wenigstens auch den anderen

Was kann Kinder zornig machen?

Wütende Kinder brauchen emotionale Unterstützung.

schlecht gehen«, könnte als Motto hinter diesen Ausbrüchen stehen.

Hier wäre es besonders wichtig, dass die Eltern zusammen mit ihrem Sprössling herausfinden, was ihn immer wieder zornig oder verzweifelt werden lässt, und dass sie ihm ein Gefühl von emotionaler Unterstützung vermitteln, damit er die erlebten Schwierigkeiten mittelfristig besser bewältigen kann als durch seine Wutanfälle.

Manchmal kommt der Ärger nicht dort zum Ausdruck, wo er eigentlich ausgelöst wird, etwa gegenüber den Kindern, von denen sich jemand gequält und ausgegrenzt fühlt. Der Betroffene ist zu wenig selbstbewusst, um sich in einer direkten Weise auseinander zu setzen. Viele Jungen und Mädchen mit einer Entwicklungsverzögerung sind kleiner und körperlich schwächer als die meisten Gleichaltrigen.

Vielleicht piesackt der Nachwuchs stattdessen den kleineren Bruder oder die jüngere Schwester, möglicherweise bekommt er auch gegenüber den Eltern einen Wutanfall nach dem anderen, ohne dass die Erwachsenen der Anlass für die eigenen Schwierigkeiten wären. Ein bisschen vergleichbar mit einem Angestellten, der sich über die ständigen Maßregelungen durch seinen Vorgesetzten ärgert, ohne den Mut zu haben, sich dem Chef gegenüber angemessen abzugrenzen, und der stattdessen zu Hause Frau und Kinder schikaniert.

Wenn Aggressionen einen Zweck erfüllen.

Aggressives Verhalten kann außerdem dazu dienen, sich ein bisschen größer und stärker zu fühlen, im Kindergarten, in der Schule oder in der Familie. Vor allem, wenn die anderen nach einem Wutausbruch tun, was man möchte. Vielleicht fehlt den Gleichaltrigen mit geringerer Selbstbehauptungsfähigkeit die Kraft, sich gegen die erlebten Grenzverletzungen zur Wehr zu setzen, und sie geben deshalb dem aggressiven Kind das geforderte Spielzeug oder gehen auf dessen Spielideen ein, obwohl sie sich eigentlich lieber mit etwas anderem beschäftigen würden. Möglicherweise gilt ein übermäßig selbstbewusstes Auftreten im Kreis der Gleichaltrigen sogar als »cool«, was das aggressive Kind zum Anführer einer Gruppe macht, um den sich andere Jungen (oder mitunter auch Mädchen) scharen.

Lieber negative Aufmerksamkeit als keine

Oder die Erwachsenen, ob Kindergärtnerinnen, Lehrer oder Eltern, beachten jemanden, der oft wütend wird und dazu neigt, sich notfalls auch gewaltsam durchzusetzen, in besonderer Weise. Wenngleich die entsprechenden Verhaltensweisen normalerweise zu Kritik führen, so handelt es sich dennoch um Aufmerksamkeit, die für kleine und größere Menschen nicht selten einen Wert an sich darstellt: Lieber negativ im Zentrum des Interesses stehen, als gar nicht beachtet werden.

Für ein Kind, das sich vor allem dann wichtig fühlt, wenn es sich aggressiv benimmt, stellt die Aufmerksamkeit der Umgebung eine Art von Belohnung für das grenzüberschreitende Verhalten dar. Vor allem wenn die Gleichaltrigen darauf mit heimlicher oder offener Bewunderung reagieren, so wie es oft in den Schulklassen zu beobachten ist, die lehrerintern als »Problemklassen« gelten. Auch Eltern, die ihrem Sprössling etwas, was er möchte, zunächst verbieten, um sich nach einem Wutausbruch oder längerer Quengelei schließlich umstimmen zu lassen, tragen einiges dazu bei, dass sich der Nachwuchs beim nächsten Konflikt ebenso gebärden wird, weil er gelernt hat, dass er auf diese Weise erreichen kann, was er will.

Inkonsequentes Verhalten kann Grenzverletzungen verstärken.

In einigen Fällen kommen auch beide Tendenzen zusammen. Dann äußert sich die Verzweiflung eines kleinen Menschen, geprägt von Erlebnissen, durch die er sich immer wieder bedroht fühlt, als Aggression. Irgendwann bemerkt das betroffene Kind, dass es ihm durch destruktive Verhaltensweisen gelingt, etwas bei anderen zu erreichen, und dass es sich zudem nicht mehr so schwach und hilflos fühlt wie zuvor.

Der aggressive Fritz wird delinquent

Fritz ist 16 Jahre alt, als er wegen seines aggressiven Verhaltens und aufgrund einiger Diebstähle einige Monate in einer Klinik für Kinder- und Jugendpsychiatrie verbringt. Dieser Aufenthalt hat eine lange Vorgeschichte.

Fritz kam als zweites von drei Kindern zur Welt, etwa sieben Wochen zu früh. Seine Mutter konnte ihn nicht stillen, behütete ihn jedoch übermäßig stark, auch als Fritz schon größer war; sie war getrieben von der Angst, der Junge könne krank werden oder sogar sterben, wenn sie nicht die ganze Zeit für ihn sorgen würde. Eine ängstliche Bindung an die Mutter war die Folge, verstärkt durch mehrere Krankenhausbesuche im Kleinkindalter wegen Asthma. Eine Erkrankung, die häufig psychosomatisch mitbedingt ist, in der sich also seelische Probleme auf einer körperlichen Ebene ausdrücken.

All dies trug dazu bei, dass sich Fritz allein wenig zutraute. Im Kindergartenalter galt der Junge als überaus angepasst. Allerdings hatte er vor dem Gefühl, von den Eltern für ein paar Stunden getrennt zu sein, ebenso große Angst wie vor den Gleichaltrigen. Er weinte oft und litt unter seiner Außenseiterposition in der Spielgruppe. Es gab nicht viele Kinder, die sich mit Fritz beschäftigen wollten, der immer so schnell losheulte und sehr empfindlich erschien. Der Junge hatte die Erfahrung gemacht, dass seine Mutter stets zur Stelle war, auch dann, wenn er etwas allein geschafft hätte. Selbstständig zu sein, schien ihm fast undenkbar.

In der Grundschulzeit war Fritz zu Hause nach wie vor überangepasst. Konflikte in der Familie vermied er, ebenso jede Tätigkeit für die Gemeinschaft. Im Klassenzimmer hatte er jedoch die Erfahrung gemacht, durch allerlei Clownerien bei manchen Mitschülern gut anzukommen. Auch die Lehrer zu provozieren, gehörte zu den Aktivitäten, mit denen er sich die Aufmerksamkeit der anderen sicherte. Das war deutlich weniger anstrengend als die Beschäftigung mit dem Lernstoff, außerdem half es ihm dabei, sich nicht mehr so ängstlich und unselbstständig zu fühlen.
Später, an der Hauptschule, äußerte sich Fritz' Wut auf seine Eltern, die ihm keinen angemessenen Halt bieten, ihn aber auch nicht loslassen konnten, in kleineren Diebstählen in der Familie. Vor allem das Verhältnis zu seinem Vater verschlechterte sich hierdurch zunehmend. Im Klassenzimmer hatte der Heranwachsende ebenfalls die Erfahrung gemacht, dass es ihm subjektiv besser ging und er weniger den Eindruck hatte, zu versagen und den Anforderungen nicht zu genügen, wenn er schwächere Jugendliche bedrohte und ihnen wegnahm, was ihm selbst gefiel. Außerdem schwänzte Fritz häufig den Unterricht und fiel ansonsten durch unkooperatives, aggressives Verhalten auf. Bei den Lehrern war er bald das schwarze Schaf der Klasse, zudem sollte er eine Jahrgangsstufe wiederholen. Als er schließlich damit anfing, Ladendiebstähle zu begehen, und auch ein Moped entwendete, befürchteten seine Angehörigen, er könne vollkommen in die Kriminalität abgleiten.
Schließlich verbrachte Fritz einige Monate in der Kinder- und Jugendpsychiatrie. Zunächst wirkte der inzwischen 16-Jährige im Verhältnis zu den Ärzten, Therapeuten und Pflegern übermäßig angepasst. Allerdings in einer oberflächlichen Weise, denn er übertrat immer wieder die Stationsregeln, wenn er sich vom Personal unbeobachtet glaubte. Zunehmend konfrontierte man Fritz mit den Handlungen, die er gegen andere Menschen richtete, was ihn sehr zornig werden ließ, vor allem, wenn sein aggressives Verhalten unangenehme Konsequenzen haben sollte. Dazu gehörte zum Beispiel der Wunsch, der Teenager möge versuchen, seine Vergehen wieder gutzumachen. Gelegentlich haute Fritz aus der Klinik ab, wenn es ihm zu viel wurde.
Mit der Zeit fühlte er sich jedoch mehr und mehr für seine Straftaten ver-

antwortlich. Einmal sagte der Jugendliche seinem Therapeuten, er könne schlecht abwarten und sei so leicht durch Gleichaltrige verführbar, die »Scheiße bauen« wollten. Er müsse es lernen, Nein zu sagen und konsequent zu bleiben. Einige destruktive Verhaltensweisen bereute er, außerdem hatte er vor, den Hauptschulabschluss nachzuholen.
Nach dem Ende der stationären Behandlung erwies es sich als problematisch, dass Fritz' Eltern keine Vorstellung davon hatten, wie es mit ihrem Sohn weitergehen könnte. Vater und Mutter befürchteten Übles, wenn Fritz wieder in der Familie leben würde. Allerdings hatten sie den Eindruck, dass ihr Junge jetzt viel reifer wirke als vor der Therapie und dass er anscheinend eine Menge gelernt habe. Ob sich der 16-Jährige weiterhin in eine positive, selbstverantwortliche Richtung bewegt oder ob er wieder in die alten Aggressionen zurückfällt und noch einmal professionelle Unterstützung braucht, bleibt abzuwarten.

Welche Reaktionen helfen einem aggressiven Kind?

So massive Maßnahmen wie in diesem Beispiel sind glücklicherweise nur selten erforderlich, wenn sich junge Menschen destruktiv verhalten. Wie können die Eltern eines Kindes, das auf Frustrationen oft mit Aggressionen antwortet oder sich mittels wiederholter Grenzüberschreitungen durchsetzt, ihrem Sprössling helfen – und gleichzeitig sein Verhältnis zu anderen Personen verbessern?
Zunächst einmal gilt es, die eigene Wut, soweit möglich, in Grenzen zu halten und im Hinterkopf zu haben, dass es Sohn (oder, seltener, Tochter) eigentlich schlecht geht, auch wenn sie lieber aggressiv als traurig und verzweifelt sind. Auch ein Kind, das andere angreift und sich häufig nimmt, was es haben möchte, überspielt damit oft die Empfindung, gar nicht so toll zu sein, wie es sich gerade gebärdet. Außerdem gewinnt man durch zerstörerische Handlungen im Allgemeinen keine wirklichen Freunde. Höchstens ein paar Kumpel, die sich selbst ein biss-

chen größer fühlen, wenn sie andere Menschen ärgern können. Es wäre schön, wenn es den Eltern gelänge, ihr Kind auch weiterhin zu lieben, selbst wenn ihnen manche seiner Verhaltensweisen überhaupt nicht gefallen. Von daher verbieten sich persönliche Herabsetzungen fast von allein. Die aggressiven Handlungen weitgehend zu ignorieren, bis sich die eigene Wut vielleicht in lautem Gebrüll äußert, ist allerdings auch kein sinnvoller Weg.

Auf Herabsetzungen verzichten

Konstruktiver Umgang mit zerstörerischen Verhaltensweisen

Psychologen und Pädagogen gehen davon aus, dass Kinder und Heranwachsende möglichst bald damit konfrontiert werden sollten, wenn sie die Grenzen anderer Personen verletzt haben. Außerdem ist es wichtig, konstruktive Alternativen zu dem zerstörerischen Verhalten aufzuzeigen. Denn manche Jungen und Mädchen wissen nicht, was sie sonst tun könnten, wenn sie gerade sehr zornig sind. Die Wut ist dann auch Ausdruck der eigenen Hilflosigkeit.

Falls sich Mutter oder Vater einmal selbst von ihrem Nachwuchs nur unzureichend respektiert fühlen, wären sie kein gutes Vorbild, wenn sie nun umgekehrt die Integrität ihres Sprösslings in Frage stellen würden. Meistens fühlt sich das Gegenüber, ob klein oder groß, eher beleidigt, wenn es Dinge zu hören bekommt wie: »Du hast schon wieder deine kleine Schwester geärgert. Überhaupt gehst du immer so lieblos mit deinen Geschwistern um. Lern' doch endlich, die Bedürfnisse anderer Menschen ernst zu nehmen.« (Oder auch »Du hast schon wieder nichts im Haushalt gemacht. Überhaupt tust du nie was für die Allgemeinheit, aber wir müssen immer für dich da sein.«)

Persönliche Angriffe werden meist zurückgewiesen.

Widerstand, Ärger und Verzweiflung sind hier vorprogrammiert. Aus mehreren Gründen: Zum einen wird hier der Charakter des Kindes in ein schlechtes Licht gerückt. Im ersten Beispiel gilt es als lieblos und egozentrisch, im zweiten als asozial und fordernd. Was liegt näher, als einen solchen Angriff vehement zurückzuweisen und sich den sachlichen Teil der Kritik gar nicht mehr anzuhören?

Außerdem beziehen sich die eben beschriebenen Äußerungen der Erwachsenen nicht nur auf eine aktuelle Handlungsweise ihres Kindes, die ihnen missfällt. Vielmehr wird das kritisierte Verhalten auf alle möglichen Situationen ausgeweitet. Der Nachwuchs sei »immer« unfreundlich zu den Geschwistern oder tue »nie« etwas für seine Familie. Ohnehin führen die oben dargestellten Aussagen dazu, dass beim Kind ein schlechtes Gewissen ausgelöst wird – oder wütender Protest. So verständlich es auch ist, dass Vater und Mutter nach einer Grenzüberschreitung wirklich zornig sind: Wer möchte schon in den Augen seiner Eltern grundsätzlich ein gefühlloser Egoist oder ein Schmarotzer sein?

Von sich und den eigenen Gefühlen sprechen

Eine gute Alternative wäre hier, dem Sohn oder der Tochter zurückzumelden, welche Gefühle die Aggression beim Erwachsenen ausgelöst hat, vielleicht Ärger, möglicherweise auch Traurigkeit oder Hilflosigkeit. Allerdings ohne Anklagen in der Art von »Sieh nur, was du bei mir angerichtet hast«. Von sich, den eigenen Empfindungen und Gedanken zu berichten, führt beim anderen häufig eher dazu, dass er zuhören und sich in die Lage seines Gegenübers versetzen kann, als ein Rundumschlag, einschließlich persönlicher Beleidigungen.

Gelegentlich hilft es Eltern, sich vorzustellen, wie man selbst reagieren würde, wenn man in der einen oder anderen Art kritisiert wird. Es erscheint überdies empfehlenswert, sich dem Nachwuchs gegenüber im Problemfall auf die konkrete, aktuelle Situation zu beziehen, die einem gerade Kopfzerbrechen bereitet, und nicht allgemein eine innere Haltung oder eine missliebige Persönlichkeitseigenschaft zu beklagen.

Konsequent sein, auf herabwürdigende Strafen verzichten

Ein konsequenter Umgang mit dem, was den Betreffenden gerade stört, wäre ebenfalls sinnvoll. Strafgerichte, Schläge oder andere Strafen, die ein Kind herabwürdigen, wirken nicht nur wenig menschlich, sie erweisen sich auch als kaum effektiv. Maßnahmen, die eine Wiedergutmachung gegenüber dem Geschädigten erlauben, haben einen größeren pädagogischen Wert. Manche Eltern machen ihrem Kind nach einer Verfehlung deutlich, dass sie jetzt auf etwas Besonderes, was sie gemeinsam unternehmen wollten, keine Lust mehr haben. Einige Väter und Mütter fragen den Nachwuchs, was denn seiner Meinung nach geschehen sollte, und stellen oft fest, dass sich Söhne oder Töchter recht selbstkritisch mit dem aktuellen Problem auseinander setzen, ohne auszuweichen, wenn sie selbst ein Mitspracherecht haben.

Wieder andere verwenden die so genannte Auszeit, bei der es darum geht, dass der Sprössling, über den sie sich eben geärgert haben, eine Zeitlang für sich allein verbringt, ohne direkten Kontakt mit Erwachsenen oder Geschwistern. Zwangsmaßnahmen wie Einsperren verbieten sich allerdings von selbst. Eine Auszeit hat den Vorteil, dass alle Beteiligten zur Ruhe kommen können und Streitigkeiten seltener eskalieren. Auch hier gibt es keine Patentrezepte, da Menschen unterschiedlich reagieren. Gute erzieherische Ideen sollten zur Familie passen, zu Eltern und Kindern.

Entscheidend wäre jedoch, einmal angekündigte Maßnahmen

»Nein« heißt wirklich Nein.

auch umzusetzen, so wie es für den Nachwuchs wichtig ist, zu lernen, dass »Nein« auch Nein bedeutet. Falls hingegen ein Kind beispielsweise die Erfahrung macht, nach einem Wutanfall (oder längerem Quengeln) im Supermarkt irgendwann die geforderten Süßigkeiten zu bekommen, liegt es nahe, solche Verhaltensweisen immer dann anzuwenden, wenn es darum geht, etwas zu bekommen, was die Erwachsenen dem Kind »eigentlich« verweigern wollen.

Verzögerte Entwicklungen in der Pubertät, im Jugend- und Erwachsenenalter

Die Pubertät ist schon für die meisten Heranwachsenden, die sich körperlich und seelisch altersgemäß entwickeln, eine schwierige Zeit, wie auch für viele Eltern und Erzieher. Pubertät bedeutet eine Umstellung auf etlichen Ebenen, die mit Ungleichzeitigkeiten in der Entwicklung einhergeht, mit teilweise extremen emotionalen Schwankungen und den verschiedensten Versuchen, eine neue Identität zu finden.

Pubertät bedeutet Umstellung auf allen Ebenen.

Die wichtigsten Veränderungen in der Pubertät

- Der körperliche Wandel von der Kinder- zur Erwachsenengestalt findet heute bei vielen Mädchen ungefähr zwischen dem 10. und dem 12. Lebensjahr statt und bei etlichen Jungen zwischen dem 12. und dem 14. Lebensjahr. Bei Spätzündern kann es jedoch einige Jahre länger dauern, bis Kinder zu Jugendlichen geworden sind.
- Diese Umstellung wird durch eine genetisch vorprogrammierte Ausschüttung von Geschlechtshormonen bewirkt. Bei den Mädchen sind dies im Wesentlichen Östrogene, bei den Jungen ist es Testosteron. Diese Botenstoffe lösen Prozesse aus, bei denen aus einem Mädchen- ein Frauenkörper und aus einem Jungen- ein Männerkörper wird.
- Hinzu kommen Geschlechtsreife und Körperwachstum, das meistens eher unharmonisch verläuft: Zunächst wachsen Hände und Füße, es folgen Arme und Beine, schließlich bekommen Ober- und Unterleib die erwachsene Gestalt.
- Das Längenwachstum ist erst Jahre später abgeschlossen, bei Mädchen oft mit 15 oder 16, bei Jungen durchschnittlich ein bis zwei

Jahre darauf. Auch hier gibt es Jugendliche, die erst einige Jahre nach vielen Gleichaltrigen ihre endgültige Größe erreicht haben.

- Mit den körperlichen Veränderungen gehen seelische Entwicklungsprozesse einher: Häufig sind Teenager vom anderen Geschlecht oder die Clique, mit der die Heranwachsenden ihre Freizeit verbringen, wichtiger als Eltern oder Geschwister. Manche Jugendlichen probieren sich in verschiedenen, mitunter extremen Bereichen aus, wozu Erfahrungen mit Drogen und Alkohol ebenso gehören können wie die Mitgliedschaft in einer mehr oder weniger schrägen Subkultur oder eine intensive Beachtung des eigenen Aussehens.
- Ziel ist hier das Bemühen, eine unverwechselbare Identität zu finden, selbst wenn es auf die Erwachsenen oft so wirkt, als versuche ihr Sprössling alles, um genau so zu sein wie die Gruppe der Gleichaltrigen, mit der er sich umgibt. Dieses Ringen um Identität und Selbstbewusstsein geschieht unter anderem über Abgrenzungen, etwa von der Generation der Eltern oder von allem, was nicht in das eigene Weltbild passt.
- Starke körperliche und seelische Schwankungen, teilweise in sehr kurzen Zeiträumen, charakterisieren fast jeden Pubertätsverlauf, und davon ist nicht zuletzt auch die Familie betroffen. Auf eine wütende Abwehr gegenüber Mutter und Vater kann zu anderen Zeiten ein anhängliches Verhalten folgen. Viele Teenager wünschen sich in manchen Momenten, ganz erwachsen zu sein, und in anderen, wieder Kind sein zu dürfen.
- Einige Jugendliche leiden eher still, zum Beispiel indem sie oft traurig sind oder sich deprimiert zurückziehen. Manche leben ihre Probleme eher lautstark aus, erscheinen oft wütend oder grenzüberschreitend. Wieder andere werden Schritt für Schritt erwachsen, ohne eine Krise nach der anderen zu erleben.
- Die Eltern haben nur einen begrenzten Einfluss darauf, ob die Entwicklung ihrer Kinder im Rahmen von Pubertät und Jugendalter eher unauffällig oder ganz schön auffällig verläuft, da in diesem Alter die wichtigsten Dinge meistens im Kreis der Gleichaltrigen geschehen.

Langsame körperliche und seelische Entwicklung

Wenn schon bei den Heranwachsenden, die ihre Pubertät zur gleichen Zeit wie ihre Altersgenossen erleben, diese Lebensphase mit vielfältigen Umwälzungen – und häufig auch mit tief gehenden Krisen – verbunden ist, gilt das in verstärktem Maße, wenn Teenager erst einige Monate oder Jahre später heranreifen als die meisten Gleichaltrigen.

Probleme mit der späten Pubertät

Es scheint eher schlecht für das ohnehin labile Selbstwertgefühl vieler Jugendlicher zu sein, wenn sie die Erfahrung machen, dass die anderen schon fast wie Männer oder Frauen aussehen, während sie noch den Körper eines Kindes haben. Manche Altersgenossen nehmen einen Spätentwickler weniger ernst und wollen in einer Zeit, die auch mit einer Abgrenzung von der Kindheit zu tun hat, nichts mit ihm unternehmen.

Einige Teenager, die körperlich oder emotional weniger reif wirken, als es ihr Alter vermuten lassen würde, spielen deshalb lieber mit jüngeren Kindern, oft bis zu dem Zeitpunkt, an dem sie den Rückstand aufgeholt haben. Die Eltern sollten solche Freundschaften nicht missbilligen, denn ihr Sprössling umgibt sich bloß mit Freunden, die gut zu ihm passen und die ebenso alt sind, wie sich der Betroffene fühlt. Das gilt übrigens auch für manche jüngeren Kinder. Etwas Ähnliches findet statt, wenn 15- oder 16-jährige Mädchen Partner haben, die ein paar Jahre älter sind. Das lässt sich mit dem Umstand erklären, dass männliche Jugendliche durchschnittlich ein bis zwei Jahre hinter den weiblichen liegen, was sowohl die körperliche als auch die emotionale und seelische Reife betrifft.

Während einige Teenager im emotionalen, kommunikativen oder sozialen Bereich jünger erscheinen, als sie sind, gibt es auch Heranwachsende, die sich durchaus fühlen wie Jugendliche, obwohl sie noch den Körper eines Kindes haben. Das kann ebenfalls zu Problemen führen. Manche Heranwachsenden gehen allerdings selbstbewusst mit der Tatsache um, dass sie jünger oder älter aussehen, als es dem Lebensalter entsprechen würde. Sie machen häufig die Erfahrung, dass sie von vielen Altersgenossen genau so angenommen werden, wie sie sind. Den meisten Spätzündern fällt es jedoch schwer, ihren vorübergehenden Rückstand auf der körperlichen oder seelischen Ebene zu akzeptieren.

Einige Spätzünder mögen sich so, wie sie sind.

Gelegentlich befürchten die Eltern eines Teenagers, der im Vergleich zu den meisten Altersgenossen klein ist und körperlich noch wie ein Kind wirkt, ihr Sprössling bleibe auf Dauer kleinwüchsig. In solchen Fällen kann ein Kinderarzt eine Röntgenuntersuchung der Handwurzelknochen veranlassen. An diesem Merkmal erkennen Fachleute den physiologischen Entwicklungsstand eines Kindes. So lässt sich abschätzen, wann der Spätentwickler in die Pubertät kommen wird.

Meistens lässt sich auch die ungefähre Erwachsenengröße des Heranwachsenden aus den medizinischen Untersuchungen ableiten. Häufig stellt der Arzt fest, dass der Nachwuchs eine relativ normale Größe erreichen wird, nur eben einige Monate oder Jahre später als viele Altersgenossen vom selben Geschlecht. Oft hat sich auch ein Elternteil des Betroffenen verzögert entwickelt, was dafür spricht, dass Erbfaktoren eine wichtige Rolle spielen.

Tom holt auf

Tom Fitzhanns' Vater wurde erst spät vom Kind zum Jugendlichen, und Tom, heute 35 Jahre alt, machte ähnliche Erfahrungen. Lange war er der Kleinste seiner Klasse, ohne jedoch darunter zu leiden. Das änderte sich, als Tom Fitzhanns bei seinen Mitschülern wahrnahm, dass sie in die Pubertät kamen. Die Eltern veranlassten damals eine medizinische Untersuchung, bei der herauskam, dass ihr Sohn seinen Wachstumsschub erst in einigen Jahren erleben würde und dass er höchstwahrscheinlich eine ganz normale Körpergröße erreichen würde.
Gerade beim Kräftemessen unter Jungen hatte Tom Schwierigkeiten damit, den anderen Respekt einzuflößen und damit Auseinandersetzungen schon im Anfangsstadium zu gewinnen. Er litt immer wieder unter dem Gefühl, Gleichaltrigen körperlich unterlegen zu sein, was dazu führte, dass er in dieser Zeit eine »Underdog-Position« einnahm. So beschreibt es Herr Fitzhanns Jahrzehnte später. Er galt als »Streber«, und die Mädchen hätten sich nur wenig für ihn interessiert, was wohl mit der Tatsache zu tun gehabt habe, dass Tom Fitzhanns äußerlich noch nicht wirkte wie ein junger Mann, sondern wie ein Junge. Auch der Sportunterricht fiel ihm mitunter schwer. Ein Lehrer weigerte sich, das Reck auf eine Höhe herabzustellen, die Tom mit seinen Armen erreichen konnte.
Als er seinen Außenseiterstatus mit 15 Jahren nicht mehr ertrug, wechselte Tom Fitzhanns auf ein anderes Gymnasium, zu einer Zeit, als er seit etwa einem Jahr in der Pubertät war. Herr Fitzhanns ist noch heute stolz auf diesen Entschluss: »Das war damals meine erste wirklich selbstständige Entscheidung«, meint er.
Dort hat er befürchtet, wieder in die gleiche, verkrampfte Rolle zu geraten, als er zunächst neben verschiedenen Schülergruppen stand, ohne etwas zu sagen. Doch diese Schüchternheit erwies sich als vorübergehend. Tom Fitzhanns lernte schließlich einige nette, aufgeschlossene Jugendliche kennen, eine Clique, die gerade anderen Menschen gegenüber offen war. Etwa ein bis anderthalb Jahre später fühlte er sich lockerer. Sportliche Höchstleistungen und häufige Streitereien gehörten in diesen Kreisen der Vergangenheit an, und es sei für ihn eine Ehre gewesen, nun

mit jemandem befreundet zu sein, der früher einmal der Anführer einer Gruppe von Gleichaltrigen gewesen war.
Als 22-Jähriger hat Herr Fitzhanns schließlich so viele Leute gekannt, dass er sich seine Freunde aussuchen konnte. Gleichzeitig verbesserte sich sein Selbstwertgefühl weiter. »Mit 28 hab' ich zum ersten Mal freiwillig mit Freunden Fußball gespielt«, erzählt Tom Fitzhanns, »und das hat mir richtig Spaß gemacht.«
Allerdings fühlte sich Herr Fitzhanns noch mehrere Jahre lang immer dann ziemlich schlecht, wenn er mitbekam, dass ein anderer in die »Underdog-Position« kam, in der er sich selbst so lange gesehen hatte. »Und die Tatsache, dass ich bis heute ein eher unkörperlicher Mensch bin, hat ganz bestimmt etwas mit diesen Erfahrungen zu tun«, stellt der 35-Jährige fest.

Probleme mit der Selbstbehauptung

Geschlechtsspezifische Probleme

Gerade für viele Jungen ist es oft besonders problematisch, wenn sie feststellen, dass die meisten Gleichaltrigen schon weiter sind, was die körperliche Reife betrifft. Vieles läuft in dieser Altersphase über physische Auseinandersetzungen, über den Sport und andere Formen des Kräftemessens ab. Ein Teenager, der noch vor dem Pubertäts-Wachstumsschub steht, während sich seine Altersgenossen bereits rasieren, wenn die anderen, bedingt durch den Hormonschub, kräftiger und mehrere Zentimeter größer sind, hat nicht selten Schwierigkeiten damit, sich Anerkennung zu verschaffen und gegebenenfalls auch durchzusetzen. Nicht wenige Mädchen wiederum, deren Pubertät lange auf sich warten lässt, fühlen sich von den meisten Gleichaltrigen ihres Geschlechts weniger ernst genommen und vom anderen Geschlecht seltener begehrt als viele Altersgenossinnen.

Jungen, aber auch Mädchen, deren körperliche Entwicklung verlangsamt ist, haben außerdem oft Schwierigkeiten mit organisierten Sportwettkämpfen, wie sie von den Schulen veranstaltet werden. Normalerweise werden alle Mitglieder eines Geburtsjahrgangs miteinander verglichen. Fachleute kritisieren, dass Frühentwickler wesentlich bessere Chancen haben, zu den Besten zu gehören oder einen Preis zu bekommen. Denn in vielen Klassen mit durchschnittlich 15 Jahre alten Schülern gibt es Kinder, die körperlich und seelisch wie 12-Jährige wirken, neben anderen, die auf dem Reifestand eines 17- oder 18-Jährigen sind.

Probleme beim Schulsport

Da die Entwicklung eines erwachsenen Körpers mit einer Erhöhung von Muskelkraft, Ausdauer und Schnelligkeit einhergeht, sind Heranwachsende, die früh heranreifen, den Spätzündern bei sportlichen und anderen physischen Auseinandersetzungen fast immer überlegen. Diese Jugendlichen sind es dann oft, die im Sport zu den Besten gehören und Wettbewerb-Preise bekommen. Denn sie messen sich ja nicht mit Teenagern, die genauso weit entwickelt sind wie sie, sondern mit allen, die genauso alt sind wie sie, darunter im Extremfall solche, die körperlich fünf oder sechs Jahre jünger erscheinen.

Frühentwickler gewinnen die meisten sportlichen Wettbewerbe.

Die Erfahrung, kleiner und schwächer zu sein als viele Altersgenossen, wirkt sich auch auf den Eindruck aus, den der Betroffene beim anderen Geschlecht hinterlässt, und auf das Selbstbewusstsein, mit dem er ihm gegenübertritt. Manch ein Heranwachsender, der das Gefühl hat, noch ein Kind zu sein, wird sich im Verhältnis zu Gleichaltrigen, die wie junge Männer und Frauen aussehen, weniger selbstsicher verhalten und dementsprechend eingeschätzt werden.

Elterliche Hilfe und ihre Grenzen

Manchmal hilft ein einfühlsames Gespräch.

Wenn ein Jugendlicher ein gutes Verhältnis zu Eltern, Geschwistern oder Freunden hat, hilft das dabei, Schwierigkeiten in der Schule ein Stück weit auszugleichen. Vorausgesetzt, die Beziehung zu Mutter und Vater ist im Großen und Ganzen in Ordnung, kann es für einen Teenager sinnvoll sein, mit den Erwachsenen über seine aktuellen Probleme zu sprechen. Vielleicht ermutigen ihn die Älteren, einen Konflikt selbstständig zu bewältigen. Manchmal geht es auch darum, gemeinsam Ideen zu erarbeiten, womit die Schwierigkeiten zusammenhängen und wie sie sich angemessen lösen lassen. Aber es gilt, dass der Jugendliche mit dem, was gerade geschieht, einverstanden sein sollte. Denn seine Motivation ist die Voraussetzung dafür, dass sich eine krisenhafte Situation schrittweise zum Positiven wendet.

Professionelle Unterstützung

In einigen Fällen jedoch lässt sich ein Heranwachsender, der offensichtlich massive Schwierigkeiten hat, von seinen Eltern kaum noch erreichen. Manchmal führt alles, was Vater und Mutter tun, um ihrem Sprössling zu helfen, zu weiteren Problemen. Dann empfiehlt es sich, professionelle Unterstützung bei einem qualifizierten Psychotherapeuten zu suchen. Die örtliche Kassenärztliche Vereinigung vermittelt die Adressen von Ärzten oder Psychologen mit Kassenzulassung. Nur selten, vor allem bei extremen Schwierigkeiten wie Drogenabhängigkeit, Magersucht, Bulimie, schwer wiegenden Depressionen, Selbstverletzungen oder starken Aggressionen, wird ein Aufenthalt in einer Klinik für Kinder- und Jugendpsychiatrie notwendig.

Aber natürlich haben keineswegs alle Teenager, die relativ spät heranreifen, intensive Probleme. Wem es zumindest in wichtigen Momenten gelingt, sich so zu mögen, wie er ist, und wer es schafft, zu akzeptieren, dass Pubertät und Jugendzeit immer wieder ganz schön schwierig sind, neben allem Faszinierenden, was man in dieser Lebensphase zum ersten Mal erfährt, der zerbricht nicht daran.

Loslassen und zur Seite stehen

Was können Eltern tun, um ihre Sprösslinge in einer konstruktiven Weise zu unterstützen, wenn jene im Teenageralter sind? In dieser Zeit geht es für die meisten Heranwachsenden darum, sich in wachsender Selbstständigkeit auszuprobieren und neue Freiräume zu erschließen, wenn auch oft mit vielen Schwankungen, Brüchen und manchmal auch dem einen oder anderen Irrweg.

Deshalb tun die Erwachsenen gut daran, falls es ihnen gelingt, ihre Kinder in der Umbruchphase Stück für Stück loszulassen, und dabei zu wissen, dass es wahrscheinlich ebenso zu Konflikten zwischen Eltern und Jugendlichen kommen wird wie zu Momenten, in denen der Heranwachsende die Nähe und den Austausch mit den Älteren braucht. Dieser Prozess kann allerdings ganz schön schmerzhaft sein, weil er mit der ernüchternden Erkenntnis einhergeht, von den eigenen Kindern nicht mehr so umfassend gebraucht zu werden wie früher. Es gibt jedoch auch Eltern, die sich darüber freuen, einen Teil ihrer Verantwortung abgeben zu können und mehr Zeit für sich selbst und für ihre Liebesbeziehung zu haben.

Auch Loslassen kann schmerzhaft sein.

Eine gewisse Flexibilität im Umgang empfiehlt sich in jedem Fall, wobei Vater und Mutter die Möglichkeit haben sollten, gegebenenfalls Traurigkeit, Ärger und Enttäuschung auszudrücken, statt solche Gefühle stets herunterzuschlucken.

Nach Lösungsideen fragen

Wenn Pubertätskonflikte mit den Eltern eskalieren, ist es oft sinnvoll, wenn sich beide Seiten eine Auszeit genehmigen, bis Wut und Verzweiflung zurückgehen und das Problem vielleicht angemessen gelöst werden kann. Bei schwierigen Auseinandersetzungen den Jugendlichen zu fragen, was denn seiner Meinung nach geschehen sollte, um einen Kompromiss zu finden, hilft nicht selten dabei, aus einem ungesunden Streit-Teufelskreis wieder herauszufinden.

Vielen Teenagern, die erst relativ spät in die Pubertät kommen und deshalb unter besonders starken Selbstzweifeln leiden, tut es gut, zu wissen, dass sie von Mutter und Vater genauso gemocht werden, wie sie sind. (Das gefällt natürlich auch den meisten Heranwachsenden, die sich durchschnittlich oder überdurchschnittlich schnell entwickeln.) Einige Menschen sind eben Spätzünder, und ähnlich wie Jugendliche, die etliche Dinge viel früher beherrschen als ihre Altersgenossen, brauchen Spätentwickler oft länger, um zu sich und zur Umwelt Vertrauen aufzubauen. Gerade wenn es um einen so zentralen Bereich geht wie die Entwicklung vom Kind zur Frau oder zum Mann.

Von eigenen Erfahrungen berichten

Vielleicht haben die Eltern früher einmal ähnliche Erfahrungen in der Pubertätszeit gemacht, da Früh- oder Spätentwicklung in nicht wenigen Familien gehäuft vorkommt. Wenn es der rechte Moment ist, könnte ein Gespräch über dieses Thema den Jüngeren vermitteln, dass die Schwierigkeiten irgendwann vorbei sein werden. Möglicherweise hat der Erwachsene damals etwas gefunden, was ihm geholfen hat, sich besser zu fühlen. Manchmal geht es aber auch nur darum, dem Heranwachsenden zu vermitteln, dass er mit seinen Nöten nicht allein gelassen wird.

Eine wichtige Voraussetzung wäre hier, dass der Teenager gerade offen ist für eine Unterhaltung mit den Eltern über seine Probleme. Vielen Jugendlichen sind in bestimmten Lebensphasen Abgrenzung und Eigenständigkeit wichtiger als der Austausch mit Mutter und Vater, selbst wenn die Heranwachsenden in dieser Zeit ziemlich leiden. Für die Erwachsenen kann es ganz schön schwer sein, diesen Umstand zu akzeptieren.

Wenn Abgrenzung wichtiger ist als Austausch.

Anja leidet unter Selbstzweifeln

»Als Anja 14 war und ein richtig nettes Mädchen, fand ich es ein bisschen merkwürdig, wenn meine Freunde erzählt haben, dass sie ihre Kinder in der Pubertät manchmal fast unerträglich finden«, berichtet Barbara Weidenfeld, inzwischen 53, die ihre Tochter lange Zeit allein erzog. Sie habe den Bekannten dann immer gesagt, bei Anja sei das kein Problem, sie sei nur ein bisschen zickiger als zuvor, und Klamotten seien ihr wichtiger als früher.

Doch es stellte sich heraus, dass Anja, heute 26 Jahre alt, einen Großteil der seelischen und körperlichen Umbrüche erst einige Jahre später als die meisten Mädchen ihres Alters erlebte, nämlich mit 14 bis 15 Jahren.

Frau Weidenfeld erinnert sich an diese Zeit: »Es begann damit, dass sich meine Tochter weigerte, beim Schulsport mitzuschwimmen oder zusammen mit den anderen Schülerinnen zu duschen.« Sie habe sich wohl in dieser Zeit für ihren Körper geschämt, der sich zusehends in den einer Frau verwandelte. Anja setzte alles daran, von ihrem Arzt Sport-Gefälligkeitsatteste ausgestellt zu bekommen, um die entsprechenden Situationen zu vermeiden. Die 14-Jährige sah sich und ihr Äußeres sehr selbstkritisch.

Vielleicht wollte die Jugendliche diesen Empfindungen etwas entgegensetzen, jedenfalls gab sie damals eine Menge von dem Geld, das sie sich durch verschiedene Jobs erarbeitet hatte, in teuren Boutiquen aus und warf ihrer Mutter vor, jene würde weniger auf die äußere Erscheinung achten als sie. Eine Art von Konkurrenzkampf entstand, bei dem Frau Weidenfeld oft das Gefühl hatte, von Anja verletzt zu werden. »Sie hackte auf meinen Schwächen herum, aber sie meinte dabei gar nicht mich, sondern sich selbst«, vermutet die 53-Jährige. »Einmal sagte Anja, mein Leben sei vollkommen sinnlos und ich sei eine verkrachte Existenz. Ich habe mich nicht darüber aufgeregt, was sie sich wahrscheinlich gewünscht hätte, sondern gefragt, wie sie darauf kommt«, erzählt Barbara Weidenfeld. »Weil du so eine blöde Tochter hast!«, antwortete das Mädchen mit Wut in der Stimme.

Barbara Weidenfeld versuchte, Anja in allen Dingen zu tolerieren, während Anja anscheinend alles daransetzte, Grenzen zu überschreiten. Es kann durchaus sein, dass es der Jugendlichen damals nicht gelang, einen angemessenen Abstand zur Mutter zu finden, weil sie sich von Verständnis und Akzeptanz umgeben sah, was auch immer sie sagte oder tat. So als habe die Heranwachsende verzweifelt versucht, zu provozieren, um ihre Mutter als authentischen Menschen zu erleben, der manchmal zornig, hilflos oder verzweifelt ist, und nicht als Übermutter, die immer freundlich und offen erschien, höchstens einmal traurig, und stets bereit, alles zu vergeben. Je weniger Anja den Eindruck hatte, losgelassen zu werden, umso heftiger wurde ihr Protest dagegen.

Heute ist die Beziehung zwischen Barbara und Anja Weidenfeld zu manchen Zeiten gut, mit Respekt und einem angemessenen Verhältnis zwischen Nähe und Distanz. Manchmal kommt es noch zu Auseinandersetzungen, die um Autonomie und Abgrenzung gehen, um Probleme mit dem Selbstwertgefühl und dem Wunsch, voneinander Abstand zu finden. Dass sich Anja mit ihrem Freund einen eigenen Lebensmittelpunkt aufbauen konnte, dass sie in manchen Dingen anders denkt oder handelt als ihre Mutter und dass beide Seiten diese Unterschiede so stehen lassen können, all das hat in den letzten Jahren zu einer Verbesserung der Mutter-Tochter-Beziehung beigetragen, trotz aller zeitweiligen Konflikte.

Angst vor dem Selbstständigwerden

Spätes Selbstständigwerden

Jugendliche nach der Pubertät und junge Erwachsene stehen irgendwann vor der Herausforderung, unabhängig von den Eltern zu werden, auszuziehen, ein eigenes Leben aufzubauen und vielleicht selbst eine Familie zu gründen. Manchen Heranwachsenden kann es mit dem Selbstständigwerden gar nicht schnell genug gehen, andere lassen sich hier mehr Zeit und lösen sich Schritt für Schritt von Mutter und Vater. Im Bereich der Autonomie sind sie Spätzünder, und ihre Eltern tun gut daran, ihnen Zeit zu lassen und sie zu ermutigen, sich etwas zuzutrauen.

Wieder andere haben noch größere Angst davor, auf sich gestellt zu sein. Nicht selten vermeiden die Betroffenen eigenständiges Verhalten. Möglicherweise fragen sie auch als Erwachsene Vater und Mutter immer wieder um Rat, oder sie besprechen mit ihnen alles, was ihnen Sorgen macht. In einigen Fällen kommt hinzu, dass mehrere Generationen auf dem gleichen Grundstück oder im selben Haus leben. Manchmal übernehmen die Großeltern einen Teil der Kindererziehung. Das muss allerdings nicht unbedingt problematisch sein, denn noch vor wenigen Jahrzehnten waren Mehr-Generationen-Familien die Regel, ohne dass dies grundsätzlich mit Ablösungsschwierigkeiten einhergegangen wäre.

Angst vorm Loslassen

Wenn es jungen Erwachsenen schwer fällt, einen angemessenen Abstand zu Vater und Mutter zu finden, woran auch immer man das erkennen kann, macht sich dieses Problem meistens auch in umgekehrter Richtung bemerkbar. Hier gelingt es also den Eltern ebenfalls nur unzureichend, ihre Kinder loszulassen und ihnen zuzutrauen, das Leben allein zu meistern. Oft stehen Ängste im Hintergrund solcher Ab-

Frau Eschs »chaotische« Seite

Margarete Esch versucht sich in allen Belangen an den Maßstäben der Mutter zu orientieren, als sie mit 52 Jahren eine ambulante Psychotherapie beginnt. Auch der inzwischen verstorbene Vater habe sich ihrer Mutter völlig unterworfen, erzählt Frau Esch, ihre Schwester tue dies noch heute.

Ordnung und Sauberkeit sind für Margarete Eschs Mutter von extrem hoher Bedeutung. Als sie noch klein war, erinnert sich Frau Esch, sei sie immer wieder angebrüllt und mit Hauhaltsgegenständen geschlagen worden, weil sie so »frech, widerborstig und schlampig« gewesen sei. Letzteres erkannte die Mutter zum Beispiel daran, dass gelegentlich eine Staubfluse auf dem Teppich herumlag, nachdem Margarete die Wohnung sauber gemacht hatte. Mit diesen extremen Vorstellungen, wie die Menschen sein sollten, gab Mutter Esch ihrer Tochter das Gefühl mit, nichts wert zu sein, wenn sie die überstrengen Prinzipien verletzte.

Die heute 52-jährige entwickelte in den Jahrzehnten nach ihrem Auszug von zu Hause massive Zwänge, durch die sie sich im Alltag stark behindert sah. So duschte sie stundenlang, um auch »hundertprozentig sauber« zu sein, und wusch sich viele Male hintereinander die Hände. Margarete Esch prüfte grundsätzlich mehrere Male nach, ob sie die Haustür abgeschlossen oder den Herd abgeschaltet hatte. Der Abwasch glich einer ausgedehnten Desinfektionsmaßnahme im Krankenhaus. Außerdem war Frau Esch nicht dazu in der Lage, etwas wegzuwerfen, wenn man vom Hausmüll absieht. Ihre Wohnung war mit allen möglichen Dingen voll gestopft, was sie vor allem deswegen bekümmerte, weil es die Mutter unglaublich wütend gemacht hätte. Margarete Esch hatte lange Zeit verzweifelt versucht, den aberwitzigen Ordnungs- und Reinlichkeitsvorstellungen ihrer Mutter nachzukommen, und war daran gescheitert, weil sie an der Zwanghaftigkeit, die damit einherging, fast erstickte.

Im Lauf der Behandlungsgespräche wurde der 52-Jährigen klar, dass sie diese inhumanen Prinzipien nicht erfüllen konnte und wollte. Die

Unordnung in ihrer Wohnung zeigte Frau Esch, dass es da noch eine andere, chaotische Seite in ihr gab, auch wenn sie zunächst nicht mit diesem Umstand zufrieden war. Außerdem wurde der Zustand ihres Zuhauses zu einem willkommenen Anlass, die Mutter nicht zu sich einzuladen.

Mit den Monaten entdeckte Margarete Esch, dass es ihr Freude machte, sich lebendig zu fühlen und Freunde um sich zu haben – etwas, das ihre Mutter wahrscheinlich nie erlebt hatte. Sie stellte fest, dass ihr Menschen gut gefielen, die etwas Unordentliches, Kreatives hatten, und ging auch einigen Hobbys nach, ohne zu überlegen, ob das ihrer Mutter gefallen würde. Ein bisschen Chaos zu Hause ließ sich inzwischen einigermaßen tolerieren, und die Zwänge verringerten sich schrittweise.

Auch wenn sich Frau Esch gegen Ende der eineinhalbjährigen Psychotherapie nicht in allen Dingen so von der Mutter gelöst hat, dass es ihr damit gut geht, und auch wenn sie bislang die direkte Auseinandersetzung mit der alten Frau noch scheut, so fühlt sie sich doch meistens wohl in ihrer Haut. Sie hat es gelernt, sich als relativ eigenständigen Menschen zu akzeptieren.

lösungskonflikte. Vielleicht befürchten die Älteren, sich einsam zu fühlen, wenn ihre Sprösslinge nicht mehr um sie sind. Oder sie bangen, ob es der Nachwuchs schaffen wird, im Leben zurechtzukommen und einen eigenen Weg zu finden.

Übermäßige Abhängigkeit von den Eltern

Ebenso wie vielen Erwachsenen, die trotz ihres fortgeschrittenen Alters nach wie vor in einer jugendlichen Anti-Haltung verharren und die eigenen Eltern vollständig ablehnen, geht es auch Menschen, die sich Mutter und Vater gegenüber immer noch so abhängig fühlen wie ein Kind, meistens nicht besonders gut. Denn in beiden Fällen ist die Familie auch in den Situationen präsent, wo es befriedigender wäre, selbstständig zu handeln und zu denken: Entweder dienen die Eltern und das, was sie darstellen, dazu, das genaue Gegenteil zu tun, oder sie entscheiden wichtige Fragen im Grunde genommen stellvertretend für den Betroffenen.

Späte Entwicklungen

Neue Erfahrungen und Entwicklungen im Erwachsenenalter

Das vorige Beispiel scheint ein Beleg dafür zu sein, dass wir auch in späteren Jahren manche Reifungsschritte nachholen können, nicht nur in der Psychotherapie. Die individuelle Entwicklung ist keineswegs mit dem Erreichen des Erwachsenenalters zu Ende. Bestimmte Lebenserfahrungen machen wir meistens erst relativ spät. Dazu gehören belastende Erlebnisse wie chronische Krankheiten, Altern und der Verlust von geliebten Menschen, aber auch aufbauende, etwa gute Arbeitschancen, die Freude an einer dauerhaften Beziehung oder an der Gegenwart der eigenen Kinder.

Manchmal findet jemand erst im weiteren Lebensverlauf einen ausreichenden inneren Abstand zu seinen Eltern, oder er braucht lange Jahre, um mit einer Trennung fertig zu werden. Ein Vater reift vielleicht emotional durch den täglichen Umgang mit seinen Kindern. Oder eine Mutter mag die Zeit für sich sinnvoll nutzen, die ihr zur Verfügung steht, sobald die Sprösslinge aus dem Haus sind. Vielleicht kann sie ihren Beruf wieder aufnehmen, Freundschaften oder ein Hobby mit neuem Leben erfüllen.

Wichtiges irgendwann nachholen

Nicht zuletzt gibt es unzählige Beispiele dafür, dass Menschen im höheren Alter etwas Schönes oder Wichtiges nachholen, das ihnen zuvor nicht erreichbar schien. Veränderungen, zum Negativen wie auch zum Positiven, sind in jeder Lebensphase möglich, und manches braucht seine Zeit. Ob bei Babys oder Kleinkindern, während der Pubertät oder viele Jahre später.

Anhang

Adressen von Beratungsstellen und Selbsthilfegruppen

Berlin
Eltern beraten Eltern von Kindern mit und ohne Behinderung e.V., Gritznerstr. 18–20, 12163 Berlin (Selbsthilfegruppe)

Genetische Beratungsstelle, Institut für Humangenetik, Charité Campus, Virchow-Klinikum, Augustenburger Platz 1, 13353 Berlin (zu Kleinwuchs und Spätentwicklung bzw. einer Diagnose von Erbkrankheiten)

Nationale Kontakt- und Informationsstelle zur Anregung und Unterstützung von Selbsthilfegruppen, Albrecht-Achilles-Str. 65, 10709 Berlin

Sozialpädiatrisches Zentrum, Kinderklinik, Medizinische Fakultät der Humboldt-Universität zu Berlin (Charité), Schumannstr. 20–21, 10098 Berlin (Pädiatrie bedeutet Kinderheilkunde)

Bonn
»Das Frühchen« e.V., Postfach 15 01 14, 53113 Bonn

Bremen
Gesundheitsamt Bremen, Sozialpädiatrische Abteilung, Horner Str. 60–70, 28203 Bremen

Düsseldorf
Bundesarbeitsgemeinschaft »Hilfe für Behinderte« e.V.,
Kirchfeldstr. 149, 40215 Düsseldorf

Kinderneurologisches Zentrum der Kliniken
der Landeshauptstadt Düsseldorf,
Gräulinger Str. 120, 40626 Düsseldorf

Erfurt
Sozialpädiatrisches Zentrum der Kinderklinik Erfurt,
Hermann-Brill-Str. 19, 99099 Erfurt

Frankfurt am Main
Sozialpädiatrisches Zentrum, Zentrum für
Neuropädiatrie und interdisziplinäre Frühförderung,
Karlsruher Str. 9, 60329 Frankfurt/M.

Verein Arbeits- und Erziehungshilfe e.V.,
Karlsruher Str. 9, 60329 Frankfurt/M.

Verein für interdisziplinäre Familienarbeit,
Böttgerstr. 20, 60389 Frankfurt/M.

Freiburg im Breisgau
Förderkreis Sozialpädiatrie e. V.,
Wippertstr. 3, 79100 Freiburg i. Br.

Sozialpädiatrisches Zentrum Freiburg,
Universitätsklinikum Freiburg,
Mathildenstr. 1, 79106 Freiburg i. Br.

Hamburg
Zentrum für Kindesentwicklung,
Rümkerstr. 15–17, 22307 Hamburg

Hannover
Sozialpädiatrisches Zentrum,
Janusz-Korczak-Allee 8, 30173 Hannover

Heidelberg
Bundesverband »Das frühgeborene Kind«,
Von-der-Tann-Str. 7, 69126 Heidelberg

Kiel
Sozialpädiatrisches Zentrum an der Universitäts-Kinderklinik, Schwanenweg 20, 24105 Kiel

Köln
Bundeszentrale für gesundheitliche Aufklärung (BzgA),
Postfach 91 01 52, 51071 Köln

Sozialpädiatrisches Zentrum, Kinderkrankenhaus,
Amsterdamer Str. 59, 50735 Köln

Leipzig
Sozialpädiatrisches Zentrum Leipzig,
Leibnizstr. 27, 04105 Leipzig

Magdeburg
Sozialpädiatrisches Zentrum Magdeburg, Kinderklinik,
Adolf-Jentzen-Str. 2, 39116 Magdeburg

Mainz
Kinderneurologisches Zentrum des Landes Rheinland-Pfalz, Hartmühlenweg 2–4, 55122 Mainz

München
Verein zur Förderung der Kinder mit Minimaler Cerebraler Dysfunktion (MCD) e.V., Postfach 66 22 04, 81219 München (gemeint sind Kinder mit leichten Lernbehinderungen)

Zentrum für Entwicklungsneurologie und Frühförderung der Universitäts-Kinderklinik, Abt. Entwicklungsneurologie, Lindwurmstr. 4, 80337 München

Nürnberg
Sozialpädiatrisches Zentrum Nürnberg, Städtische Kinderklinik, Kirchenweg 48, 90419 Nürnberg
sterntaler e. V. zur Förderung begabter Kinder und Jugendlicher mit sensomotorischen Störungen, Abenberger Str. 12, 90451 Nürnberg

Potsdam
Sozialpädiatrisches Zentrum, Hubertusdamm 50, 14480 Potsdam

Stuttgart
Sozialpädiatrisches Zentrum, Olgahospital – Pädiatrisches Zentrum der Landeshauptstadt Stuttgart, Postfach 10 36 52, 70031 Stuttgart

Würzburg
Frühdiagnosezentrum Universitäts-Kinderklinik,
Josef-Schneider-Str. 2, 97080 Würzburg

Österreich
Eltern-Kind-Zentrum, Figulystr. 5, 4020 Linz

Eltern-Kind-Zentrum, Herrengasse 30/1, 5020 Salzburg

Eltern-Kind-Zentrum, Bergmanngasse 5, 8010 Graz

Schweiz
Marie-Meierhofer-Institut für das Kind,
Schulhausstr. 64, 8002 Zürich

Abteilung Entwicklung und Wachstum, Universitäts-Kinderklinik, Steinwiesstr. 75, 8032 Zürich

Eine von vielen **privaten Internetseiten** für Kinder mit Entwicklungsverzögerungen und deren Familien:
www.Joris-Paul.de

Literaturverzeichnis

Aly, Monika: Das Sorgenkind im ersten Lebensjahr: frühgeboren, entwicklungsverzögert, behindert oder einfach anders? Ein Ratgeber für Eltern. Springer-Verlag, Berlin, Heidelberg, 1999

Brown, Jeffrey L.: Keine Räuber unterm Bett. Wie man Kindern Ängste nimmt. Deutscher Taschenbuch Verlag, München, 1998

Kitzinger, Sheila: Schwangerschaft und Geburt. Das umfassende Handbuch für werdende Eltern. Kösel-Verlag, München, 1998

PAG Institut für Psychologie (Hrg.): Positive Erziehung, Broschüren aus der Reihe »Kleine Helfer – Grundschulkinder«. Verlag für Psychotherapie, Münster, 1999

Petzold, Hilarion G.: Frühe Schädigungen – späte Folgen? Psychotherapie und Babyforschung, Band 1. Junfermann, Paderborn, 1993

Rogge, Jan-Uwe: Ängste machen Kinder stark. Rowohlt Taschenbuch Verlag, Reinbek bei Hamburg, 1999

Pubertät – Loslassen und Haltgeben. Rowohlt Taschenbuch Verlag, 2000

Stiefenhofer, Martin; Urban, Adrian: Knaurs großer Erziehungsratgeber. Knaur Verlag, München, 2002

Urban, Adrian: Das große Buch der Menschenkenntnis und Charakterkunde. Verlagsgruppe Weltbild, Augsburg, 2003

Liebe mit Anhang. Wenn der Partner Kinder hat. Ariston Verlag, Kreuzlingen, München, 2002

Psychotherapie. Störungen, Therapien, Kennzeichen einer erfolgreichen Behandlung. Foitzick Verlag, München, 2002

Weltgesundheitsorganisation (WHO): Internationale Klassifikation psychischer Störungen, ICD-10, Kapitel V (F). Verlag Hans Huber; Bern, Göttingen, Toronto, Seattle, 2000

Dr. Ulrike Sammer

Kinder werden flügge

Wie Sie den Abnabelungsprozess ihres Kindes unterstützen und ohne Verletzungen bewältigen können.

Eltern fällt es oft schwer, ihre Kinder loszulassen und mit ihnen eine neue Beziehung einzugehen. Verlustängste und Zurückweisungen sind dabei vorprogrammiert.
Dr. Ulrike Samer wandelt diese vermeidbare Geschichte der Wunden in eine Geschichte der gegenseitigen Lernprozesse um. Mehr Verständnis für die beiderseitigen Probleme gibt Gelassenheit in der nötigen Ablösungsarbeit.

ISBN 3-426-66895-5

Der Autor

Adrian Urban hat als Diplompsychologe mehrere Jahre therapeutisch mit Kindern gearbeitet. Er veröffentlichte bereits mehrere Bücher zu den Themen Gedächtnistraining und Psychotherapie.

Wichtiger Hinweis

Die im Buch veröffentlichten Ratschläge wurden mit größter Sorgfalt von den Verfassern und vom Verlag erarbeitet und geprüft. Eine Garantie kann jedoch nicht übernommen werden. Ebenso ist eine Haftung der Verfasser bzw. des Verlages und seiner Beauftragten für Personen-, Sach- oder Vermögensschäden ausgeschlossen.

Bildnachweis

Umschlagfoto: FinePic

Bibliografische Information Der Deutschen Bibliothek

Die Deutsche Bibliothek verzeichnet diese Publikation in der Deutschen Nationalbibliografie; detaillierte bibliografische Daten sind im Internet über http://dnb.ddb.de abrufbar.

Projektleitung: Dr. Thomas Tilcher
Redaktion: Hans-Peter Lembeck
Herstellung: Dagmar Guhl
Umschlagkonzeption: ZERO Werbeagentur, München
Satz: Wilhelm Vornehm, München
Druck: APPL, Wemding

Printed in Germany

ISBN 3-426-66926-9

Besuchen Sie uns im Internet:
www.knaur.de